Die
Jungbrunnen
KÜCHE

Margit **Fensl**   P. A. **Straubinger**   Nathalie **Karré**

Die Jungbrunnen KÜCHE

Wie Sie mit den **Geheimnissen der Natur lange** und **glücklich** leben

KNEIPP

VERLAG WIEN

INHALT

6 Vorwort	**56** Blutzucker senken, Glykation und chronische Entzündungen reduzieren
8 Wie Ihnen dieses Buch hilft	**58** Natürliche Senolytika – So befreien Sie sich von „Zombie"-Zellen
10 Die alternde Gesellschaft	**59** Anti-Aging mit den Mitteln der Natur

12 MYTHOS JUNGBRUNNEN

20 DAS MYSTERIUM DES ALTERNS

24 Schadenstheorien – Zellschäden als Ursachen des Alterns

28 Informationstheorie des Alterns

30 DIE ALTERSBESCHLEUNIGER

34 Gerontotoxine: „Alterungsgifte" im Essen

38 Zubereitung und Zucker – mit dem AGE-Express ins Altersheim

44 JUNGBRUNNEN-WERKZEUGE

46 Autophagie – Zellreinigung durch Fasten, Bewegung und richtige Ernährung

48 Telomerase – Wie wir das „Jungbrunnen"-Enzym aktivieren

52 Interview mit Paul Clayton

54 Die Sirtuine – So mobilisieren Sie die Jungbrunnen-Reparaturtruppe

62 JUNGBRUNNEN-NAHRUNG

64 Jungbrunnen-Lebensmittel

80 Jungbrunnen-Getränke

86 Jungbrunnen-Zubereitung

96 Jungbrunnen-Rezepte

EIWEISS-TYP

100 Kraftsuppe für mehr Lebensenergie
102 Pfiffiger Pilzzauber mit Parmesan
104 Göttliches Gewürz-Tempeh
106 (o)MEGA-Lachs mit aktiviertem Blumenkohl
108 Sagenhafter Seesaibling an grünem Spargel
110 Glücks-Garnelen auf zarten Karottennudeln
112 Tausend-Kräuter-Wald-und-Wiesen-Ragout
114 Himmlischer Chiapudding

KOHLENHYDRAT-TYP

116 Sonniger Regenbogensalat mit Quinoa
118 Köstlicher Kräuter-Zander mit Schmorgemüse
120 Jungbrunnen-Roulade mit Süßkartoffeln

INHALT

- 122 Belebendes Petersilien-Tabouleh
- 124 Bärenstarker Bohnenburger
- 126 Erdfrüchte-Traum mit frischem Schafskäse
- 128 Vollkornbrot mit richtig guter Erdnussbutter
- 130 Märchenhafte Minz-Avocado-Schokocreme

MISCH-TYP

- 132 Vitalisierende Amarant-Bowl mit Brokkoli
- 134 Leckere Linsen mit Aubergine und Ei
- 136 Delikates Pilzgulasch mit Vollkornknödeln
- 138 Sommerliche Prinzessinnenrollen
- 140 Forelle blau mit erfrischendem Pak Choi
- 142 Aubergine mit buntem Gemüse und Tempeh
- 144 Würziges Wiesen-Huhn mit Liebstöckel-Kohlrabi
- 146 Paradiesische Pancakes mit Beeren
- 148 Die schnelle Jungbrunnen-Küche

152 ACHTSAMKEIT IN DER JUNGBRUNNEN-KÜCHE

- 158 Buchboni und Weblinks
- 160 Impressum

Wichtiger Hinweis

Die Inhalte dieses Buches wurden gewissenhaft und sorgfältig geprüft, die Vorschläge und Empfehlungen haben sich in der Praxis bewährt. Die vorgestellten Methoden, Ideen und Rezepte ersetzen nicht die Beratung durch eine/n ÄrztIn und sind nicht zur medizinischen Behandlung von Beschwerden gedacht. Bestimmte Lebensmittel, wie zum Beispiel Kräuter und Gewürze, können bei Überdosierung zu unerwünschten Nebenwirkungen führen. Schwangere und stillende Frauen, Kinder sowie Menschen, die an Krankheiten leiden oder Medikamente einnehmen, sollten diesbezüglich besondere Vorsicht walten lassen und im Zweifelsfall immer professionelle medizinische Beratung suchen. Fasten, intensive körperliche Bewegung und Kälteanwendungen können bei vulnerablen Personengruppen zu Komplikationen führen und brauchen medizinische Begleitung.
Eine Haftung der AutorInnen beziehungsweise des Verlags und seiner Beauftragten für Personen-, Sach- oder Vermögensschäden ist ausgeschlossen.

VORWORT

Margit Fensl, P. A. Straubinger, Nathalie Karré

VORWORT

Liebe LeserInnen,

Intervallfasten hat sich in den letzten Jahren zum gesellschaftlichen Megatrend entwickelt – wir freuen uns, dass wir mit unseren Jungbrunnen-Büchern dazu beitragen können. Besonders wichtig ist uns, das Fasten nicht isoliert zu betrachten, sondern mit Meditation und Mentaltechniken, Bewegung und der richtigen Ernährung zu ergänzen. So wird der Jungbrunnen-Lebensstil nicht nur effektiver – er macht auch mehr Freude und spendet mehr Genuss.

Im dritten Jungbrunnen-Band fällt es uns besonders leicht, diesen Anspruch zu erfüllen, denn hier legen wir den Fokus im Speziellen auf das Essen. „Die Jungbrunnen-Küche" widmet sich der Wirkung unserer Lebensmittel: Was macht uns krank und beschleunigt unsere Alterung? Was hält uns gesund und jung? Wie können wir die Apotheke der Natur nutzen und dabei noch gut essen?

In den letzten Jahren hat uns die Wissenschaft mit zahlreichen neuen Erkenntnissen versorgt, die uns diesen natürlichen Jungbrunnen besser verstehen lassen. Uraltes Wissen über die heilende Kraft der Lebensmittel wurde und wird neu entdeckt und wir freuen uns, es Ihnen besonders schmackhaft zugänglich machen zu können: mit wohlschmeckenden und typgerechten Gerichten – aus den effektivsten Jungbrunnen-Lebensmitteln zubereitet. Bringen Sie den Jungbrunnen-Effekt mit jeder Mahlzeit intensiver in Ihr Leben.

Viel Freude beim Entdecken, Nachkochen und Genießen!
Ihr Jungbrunnen-Team

Wie Ihnen dieses Buch hilft

In diesem Buch zeigen wir Ihnen, dass der „Jungbrunnen" realer sein kann, als Sie vielleicht denken.

erlangen, noch bewusster einzukaufen und besser zweimal auf die Inhaltsstoffe zu achten. „Fehler", die Sie nicht begehen, sind schon der halbe Weg zur Regeneration und Gesundheit.

Im nächsten Schritt geht es um die Wahl der richtigen Lebensmittel. Wir bieten Ihnen klare und einfache Orientierungshilfen und zeigen Ihnen, wie Sie Ihre persönliche „Jungbrunnen-Nahrung" finden.

Last but not least haben wir abwechslungsreiche, typgerechte Rezepte für Sie zusammengestellt, die nicht nur gesund sind, sondern auch richtig gut schmecken. Unser Wunsch ist, Sie wieder zum Selberkochen zu animieren. Wie immer liegt der Fokus auf Leichtigkeit und Freude. Auch „Sündigen" ist auf dem Jungbrunnen-Weg erlaubt, ja sogar erwünscht. Wir sagen Ihnen, weshalb.

Die Botschaft lautet: Genießen Sie das Leben in seiner vollen Bandbreite! Bleiben Sie entspannt, wenn äußerliche Alterserscheinungen auftauchen – eine faltenlose Haut ist nicht wertvoller als Lebenserfahrung, ganz im Gegenteil. Wir dürfen das Leben allerdings in einem Körper erfahren, der möglichst lange jung und vor allem gesund bleibt. Und bei dieser Wahlmöglichkeit wollen wir Sie unterstützen.

Wir möchten Sie zu konkreten Lebensstil-Entscheidungen anregen, die Ihnen dabei helfen, Ihren inneren Jungbrunnen zu aktivieren. Wenn Sie verstehen, wie die „Alterungsgifte" der Lebensmittelindustrie Gesundheit und Jugend rauben, werden Sie motiviert sein, wieder die Kontrolle über Ihr Essen zu

Die alternde Gesellschaft

Unsere zunehmend älter werdende Gesellschaft hat durchaus paradoxe Züge: Die steigende Lebenserwartung gilt als Errungenschaft der Zivilisation, während das Alter im gleichen Atemzug zunehmend ausgegrenzt wird. Sozialkontakte nehmen drastisch ab, sobald man in Pension ist, alte und gebrechliche Menschen werden ins Pflegeheim verlagert. Wer alt wirkt, wird uninteressant. Das eigene Alter so lange wie möglich zu verneinen, ist die logische Konsequenz daraus. Falten werden wegoperiert, alte Menschen versuchen, so jung wie möglich auszusehen. Mit dem Credo „60 ist das neue 40" haben Begriffe wie „Down-Ageing" Einzug in unseren Sprachgebrauch gehalten. Nicht mehr mithalten zu können ist ein Fluch, dem jeder entgehen will.

Dem Schreckgespenst des Alterns entgehen

Erstens gibt es keinen Grund, sich durch Äußerlichkeiten und fremde Erwartungshaltungen unter Druck setzen zu lassen. Zweitens lassen sich die wirklich schlimmen Folgen des Alterungsprozesses in der modernen Welt weitgehend verhindern. Abnehmende Mobilität, chronische Schmerzen und schlussendlich auch die Pflegebedürftigkeit sind in den meisten Fällen die Folge sogenannter Zivilisationskrankheiten. Dabei wissen wir heute, dass diese großteils auf unseren westlichen Lebensstil mit Bewegungsmangel, Stress und falscher Ernährung zurückzuführen – und damit vermeidbar – sind. Und sie zu vermeiden lohnt sich, denn ein höheres Lebensalter hält viele schöne Überraschungen bereit.

Je älter, umso glücklicher

Ob Sie es glauben oder nicht, in späteren Jahren empfindet man mehr Zufriedenheit und Glück als in der Jugend. Ab fünfzig steigt das individuelle Glücksempfinden, den durchschnittlichen Glückshöhepunkt erlebt man im achtzigsten Lebensjahr. Die Kurzformel für diese Glückszunahme lautet: Weisheit und Gelassenheit im Austausch gegen Spannkraft und Faltenlosigkeit. Die Gründe für das Wohlbefinden im Alter liegen in einer veränderten Neurochemie des Gehirns wie auch in der Tatsache, dass die Lebenserfahrung uns lehrt, Emotionen besser im Griff zu haben, Zufriedenheit in kleinen Dingen zu finden und sich nichts mehr beweisen zu müssen. Wer neben dem Erfahrungsschatz des Lebens auch Freundschaften und soziale Verbindungen pflegt, darf sich auf eine weitere fundamentale Glücksquelle im Alter freuen.

Auch Frauen dürfen in Würde altern

Ein anderes Dogma, an dem wir rütteln möchten, ist das gesellschaftlich geprägte Bild der Frau, das für viele zum idealen Selbstbild geworden ist: die multifunktionale Perfektion in allen Lebensbereichen. Egal ob beruflich oder privat: Die junge, sportliche, fitte, schlanke, erfolgreiche Frau ist das Role-Model der Stunde. Man braucht nur einen Blick in die sozialen Medien zu werfen: Endlich gibt es nur noch glückliche, erfolgreiche und schöne Frauen! Die weibliche Fettverteilung ist abgeschafft, Cellulite haben nur diejenigen, die zu faul zum Sporteln sind und Kleidergrößen jenseits der 36 werden besser nicht erwähnt.

Dabei zeigt ein Blick hinter die Kulissen die Auswirkungen dieser Illusion: 91 Prozent der Frauen im deutschsprachigen Raum sind mit ihrem Körper unzufrieden. 45 Prozent aller Frauen mit gesundem Gewicht denken, sie wären übergewichtig, 90 Prozent aller Fälle von Bulimie bzw. Magersucht betreffen Frauen. Allein in Deutschland werden jährlich rund 1,8 Milliarden Euro für Diätmittel ausgegeben, weltweit gehen 90 Prozent der rund 23 Millionen Schönheitsoperationen auf das Konto von Frauen. Zahlen, die in dieser Dimension kaum zu glauben sind und zu deren Veränderung wir mit der Jungbrunnen-Effekt-Serie beitragen wollen. Aus unserer Sicht kommt Schönheit aus einer anderen Quelle.

„Ich fühle mich endlich wohl in meinem Körper, von Diäten habe ich mich verabschiedet", so lautet eine der häufigsten – und für uns schönsten – Aussagen, die wir im Austausch mit unseren LeserInnen hören. Es geht nicht mehr darum, ein perfektes Image zu erreichen, sondern durch den Jungbrunnen-Effekt Ansätze und Routinen gefunden zu haben, die einen selbstbewussten, kraftvollen und gesunden Lebensstil ermöglichen. So wird der Weg in ein hohes, glückliches und vitales Alter zum freudvollen Vergnügen. Schritt für Schritt. Dieser Lebensstil wird Sie nicht nur innerlich jünger und zufriedener machen, sondern auch äußerlich. Denn der Jungbrunnen ist realer und näher, als man vermuten möchte.

MYTHOS JUNGBRUNNEN

Traum und Wirklichkeit

Die Suche nach dem Jungbrunnen, der Quelle der ewigen Jugend, fasziniert die Menschheit seit Jahrtausenden – wir finden diesen Mythos in unterschiedlichen Ausformungen und unter verschiedenen Namen in fast allen Kulturen und zu allen Zeiten.

Lucas Cranach, „Der Jungbrunnen", 1546

Der Mensch, der einen Schluck aus dem Jungbrunnen trinkt oder ein Bad darin nimmt, werde von der Bürde des Alterns befreit, besagt der Mythos. Schon in der Antike erzählte man sich von der verjüngenden Wirkung des Wassers aus dem Quellteich der Nymphe Juturna. Alexander der Große, so berichten seine Biographen, soll sich ebenfalls auf die Suche nach dem Quell der ewigen Jugend gemacht haben. Im Mittelalter verbreitete sich dann die Ansicht, dass die Künste der Alchemisten den zeitlichen Verfall aufhalten könnten. Der Mythos der Jungbrunnen-Elixiere stammt aus jener Zeit. Und der „Stein der Weisen" sollte nicht nur Gold, sondern auch ewige Jugend schenken. In der islamischen Tradition findet sich zu diesem Thema die Geschichte von Al-Chidr. Der mysteriöse Heilige erkannte den Jungbrunnen, als ein toter Fisch, den er darin gewaschen hatte, wieder lebendig wurde. Er nahm einen Schluck aus der Quelle des Lebens, badete darin und wurde der Sage nach unsterblich. Im tibetischen Buddhismus wird die Idee der vom Altern befreiten Menschen den Bewohnern des verborgenen Königreichs „Shambhala" zugeschrieben, das zahlreichen Literaten als Inspiration gedient hat. Und der englische

Schriftsteller James Hilton setzte den immer jungen Bewohnern des fiktiven Himalaya-Tales Shangri-La in seinem Klassiker „Der verlorene Horizont" ein Denkmal. Auch Maler wie Lucas Cranach haben die Idee des Jungbrunnens in ihren Bildern verarbeitet. Die Populärkultur wiederum hat den Mythos in Hollywood-Blockbustern wie „Fluch der Karibik 4" oder in Videospielen wie „Indiana Jones and the Fountain of Youth" aufgegriffen. Aber kann jemand ernsthaft nach dem Jungbrunnen suchen? Und vor allem: Wo und wie könnte man ihn finden?

Die Suche nach dem Jungbrunnen im Silicon Valley

Überraschenderweise lassen sich auch Wissenschaft und Wirtschaft in jüngster Zeit vom Jungbrunnen-Mythos begeistern. Den einen oder anderen Visionär im Silicon Valley, Kaliforniens Zentrum der Hochtechnologie, scheint jedenfalls seit einigen Jahren die provokante Devise „Disrupt Aging" („Das Altern zerstören") zu faszinieren. Internet-Pionier und Paypal-Milliardär Peter Thiel sieht die Bekämpfung des Alterns als eine der wichtigsten Herausforderungen für die Menschheit. Deshalb investiert er Millionen in entsprechende Forschungsprojekte – und in Firmen, die sich dem sogenannten „Bio-Hacking" verschrieben haben. Auch Larry Ellison, Gründer des Software-Konzerns Oracle, hat für die Anti-Aging-Forschung 430 Millionen Dollar gespendet, weil der Tod ihn, wie es heißt, „wütend" mache. Microsoft-Milliardär Paul Allen soll insgesamt eine halbe Milliarde für den Kampf gegen das Altern und die damit verbundenen Krankheiten zur Verfügung gestellt haben und Facebook-Gründer Mark Zuckerberg dem Vernehmen nach drei Milliarden für die „Beendigung aller Krankheiten". Amazon-Chef Jeff Bezos investiert in die Firma Unity Biotechnology, die dem altersbedingten Kranksein ein Ende setzen will – und steht damit in Konkurrenz zur Firma Calico, die von den Google-Gründern Larry Page und Sergey Brin mit 750 Millionen Dollar finanziert wird. Die Unternehmens-Website verkündet das Motto: „Wir bekämpfen das Altern, eines der größten Mysterien des Lebens."

Allerdings stehen all diese Firmen erst am Anfang ihrer Arbeit und so manche vielversprechende Anti-Aging-Technologie hat sich als riskante Therapie mit gefährlichen Nebenwirkungen herausgestellt. Die künstlich verstärkte Zufuhr des Wachstumshormons HGH etwa steht, wie Studien nahelegen, im Verdacht, das Krebsrisiko zu erhöhen. Man darf sich fragen, ob es sich bei diesen hochtrabenden Plänen, das Altern mithilfe der Technologie abzuschaffen, nicht bloß um größenwahnsinnige Wunschträume spleeniger Milliardäre handelt, die sich ihrer Endlichkeit nicht bewusst werden wollen. Ist Alterung nicht etwas Unvermeidbares, das automatisch abläuft und Teil der physischen Existenz ist?

> „Disrupt Aging" – Das Altern zerstören, lautet die provokante Devise der High-Tech-Konzerne im Silicon Valley.

Dinge altern – Lebewesen entwickeln sich

An dieser Stelle gilt es ein paar Begriffe zu definieren: „Altern" ist ein recht unscharfer, schwammiger Begriff. Streng genommen ist Alterung etwas, dem nur unbelebte Dinge unterliegen. Die Möbel in einem Hotel „altern": Das Material wird brüchig, rostig oder zersetzt sich. Organismen entwickeln und erneuern sich dagegen ständig; ihr Älterwerden ist mit Wachstum und positiver Reifung verbunden.

Wir denken beim Begriff „altern" meist nur an die negativen Erscheinungen des Älterwerdens, sprich an seine degenerativen Auswirkungen. Der wissenschaftlich korrekte Begriff dafür ist „Seneszenz": Die Vergreisung der Zellen. Dabei ist auch die Pubertät Teil des Älterwerdens, hat aber nichts mit Seneszenz zu tun. Beide Prozesse sind biologisch programmiert und müssen nicht zwangsläufig in allen Organismen stattfinden. Altern ohne Seneszenz wäre das Ergebnis eines Bades im Jungbrunnen – und tatsächlich gibt es Organismen, für die der innere Jungbrunnen schon Realität ist.

Der „echte" Jungbrunnen – und wo wir ihn finden

Ein großer Unterschied zwischen belebten Organismen und unbelebten Dingen ist die Tatsache, dass bei unbelebten Dingen in der physischen Substanz kein Austausch stattfindet, während sie bei belebten Organismen ununterbrochen erneuert wird. Beim Menschen bilden sich täglich 50 bis 70 Milliarden neue Zellen,

Wir bestehen aus Billionen von Körperzellen, die sich ständig erneuern. Warum gibt es trotzdem einen körperlichen Verfall?

während die abgestorbenen ausgeschieden werden. Rudolf Steiner, der Begründer der Waldorf-Schulen und der Anthroposophie, postulierte schon vor über 100 Jahren, dass der Mensch im Laufe von sieben bis acht Jahren seine gesamte physische Materie abstoße und erneuere. Dieser Sieben-Jahres-Zyklus galt lange als Mythos, wurde aber von der Zellbiologie mittlerweile mehr oder weniger bestätigt. Während wir z. B. alle paar Stunden neue weiße Blutkörperchen oder alle zwei bis fünf Wochen eine komplett neue Haut bekommen, kann es für eine neue Leber bis zu zwei Jahre dauern. Das ganze Skelett braucht zur Rundumerneuerung etwa zehn Jahre. Unterm Strich hat sich der Körper eines 80-Jährigen im Laufe seines Lebens mehrmals komplett erneuert. Das Zellmaterial eines Greises ist selbst kurz vor dem Tod noch „frisch wie ein Babypopo". Warum dann die Falten, der Haarausfall, die Krankheiten und all der Rest an degenerativen Erscheinungen, die wir mit dem Altern verbinden?

Die „unsterbliche Qualle"
Turritopsis dohrnii bleibt ewig jung.

Auch wenn es noch viele offene Fragen gibt, wird immer offensichtlicher, dass der Prozess des Alterns vielleicht doch verlangsamt, gestoppt oder sogar umgekehrt werden könnte. Es scheint allerdings, dass die Natur genau das nicht beabsichtigt. Für das Individuum mag es tragisch sein, wenn der Körper verfällt und der Tod naht. Im Sinne der Arterhaltung ist es allerdings ein großer Vorteil, dass der einzelne Mensch nicht allzu lange lebt, sondern sich paart und dann seinen Nachkommen die Ressourcen überlässt. Durch die ständige Rekombination der Erbsubstanz kann sich die Art schneller und besser an die Umwelt anpassen. Für die Evolution sind ewig lebende, immer junge Individuen kein Vorteil – im Gegenteil: Zur genetischen Optimierung braucht es den ewigen Kreislauf von Geburt, Nachkommenschaft und Tod.

Wie in so vielen anderen Bereichen könnte es aber auch hier sein, dass sich der Mensch irgendwann über die Natur hinwegsetzt oder ihre Prinzipien in seinem Sinne zu nutzen beginnt. Tiere wie die „unsterbliche Qualle" Turritopsis dohrnii zeigen uns, dass der Jungbrunnen eine biologische Realität sein kann. Altersforscher wie David Sinclair von der Harvard Medical School sind der Ansicht, dass diese Prinzipien auch auf den Menschen umgelegt werden können. Für ihn ist die Frage nicht, ob, sondern nur wann sich Menschen wie die „unsterbliche Qualle" immer wieder ein Bad im Jungbrunnen gönnen werden, um sich auf zellulärer Ebene komplett zu regenerieren. Vorerst ist das noch Zukunftsmusik. Das wachsende Verständnis über die Mechanismen des Alterns eröffnet uns dennoch Möglichkeiten, uns zu verjüngen – oder die Vergreisung der Zellen zumindest zu verlangsamen.

INFOBOX

Die „unsterbliche Qualle" und andere alterslose Wesen

Viele niedere Organismen wie Algen, Amöben oder Süßwasserpolypen sind potenziell unsterblich, auch wenn ihre Lebenserwartung durch Fressfeinde und ökologische Veränderungen natürlich begrenzt ist. Das degenerative Altern scheint primär auf höhere Organismen mit geschlechtlicher Fortpflanzung begrenzt zu sein, vor allem im Tierreich. Bei den Pflanzen finden wir dagegen zahlreiche hochkomplexe Organismen, die nach gegenwärtigem Kenntnisstand ebenfalls nicht altern müssen. Eine tausendjährige Stieleiche produziert jedes Jahr Blätter und Eicheln von derselben Qualität. Diese Blätter unterscheiden sich in ihrer jugendlichen Frische in nichts von denen einer nur 50-jährigen Stieleiche. Wenn der Baum stirbt, geschieht dies durch äußere Einflüsse wie einen Waldbrand, durch Pilzbefall oder weil er gefällt wird.

Besonders beeindruckend sind in diesem Zusammenhang die amerikanischen Mammutbäume. Da sie über Jahrtausende hinweg nicht aufhören zu wachsen, erreichen sie Höhen von über 100 Metern und nicht selten ein Gewicht von mehr als 2.000 Tonnen. Ihr Leben ist bedroht von Klimaveränderungen oder durch Parasiten, aber nicht, weil sie alt werden. Der älteste bekannte Baum der Erde ist übrigens „Pando", eine amerikanische Zitterpappel im Fishlake National Forest in Utah. Mit einem Gewicht von geschätzten 6.000 Tonnen ist Pando nicht nur das älteste Lebewesen des Planeten, sondern auch das schwerste. Es existiert seit geschätzten 80.000 Jahren und treibt noch immer jedes Jahr junge Stämme aus. Sogar im Tierreich meinen Wissenschaftler einige seltene Ausnahmen entdeckt zu haben, die die Natur anscheinend vom degenerativen Altern befreit hat.

Der arktische Ozean ist die Heimat von Tieren, die schon gelebt haben, bevor Kolumbus Amerika entdeckt hat: Wissenschaftler haben einen Grönlandhai gefangen, dessen Alter auf 510 Jahre datiert wurde. Exemplare dieser Art werden erst mit 150 Jahren geschlechtsreif und wenn sie altern, dann äußerst langsam. Auch für die amerikanische Sumpfschildkröte, den Felsenbarsch Sebastes aleutianus und sogar – als einziges Säugetier – den Nacktmull wird eine sogenannte „vernachlässigbare Seneszenz" vermutet. Im Gegensatz zu alternden Tieren bleibt ihre Sterberate mit zunehmendem Alter konstant. Die Beweisführung gestaltet sich allerdings schwierig, da auch diese Tiere in freier

Im Polarmeer leben Grönlandhaie mit einem Alter von über 500 Jahren.

Ein jahrtausendealter Mammutbaum produziert noch immer die gleichen jugendlich frischen Blätter wie ein 50-jähriger Artgenosse.

Wildbahn auf der Speisekarte zahlreicher Fressfeinde stehen und Opfer von Krankheiten oder Katastrophen werden können.

Zu Tieren in Gefangenschaft fehlen noch Daten über ausreichend lange Zeiträume – das Postulat der „vernachlässigbaren Seneszenz" wurde erst im Jahr 1990 aufgestellt. Damals hat man die unglaublichen Fähigkeiten der „unsterblichen Qualle" Turritopsis dohrnii in ihrer Bedeutung für die Gerontologie erkannt. Wenn ihre Lebensfunktionen nachlassen, lässt sich diese unscheinbare Qualle auf den Meeresboden sinken, regeneriert ihr gesamtes Zellvolumen und bringt es in den Urzustand zurück. Wir können das Tier gleichsam beim „Bad im Jungbrunnen" beobachten: Turritopsis dohrnii lebt ohne zeitliche Begrenzung in einem immer jungen Körper, solange sie nicht dem Katastrophentod zum Opfer fällt.

DAS MYSTERIUM DES ALTERNS

Warum altern wir? Mechanismen des körperlichen Verfalls

Altern ist ein Mysterium, das die Wissenschaft noch immer nicht zur Gänze enträtselt hat. Lange verwechselte man es mit Abnützung. Stattdessen verbergen sich dahinter komplexe Entwicklungsprozesse im Dienste der Evolution. Kein Naturgesetz und kein Gen zwingen uns zum körperlichen Verfall.

Bis in die 1950er Jahre glaubte man, dass das Altern bzw. seine degenerativen Folgen im Prinzip Abnutzungsmechanismen seien. Durch die Fortschritte der Molekularbiologie musste diese Sichtweise abgelegt werden. Doch die hochkomplexen Prozesse des Verfalls im Laufe der Jahre werden bis heute nicht in ihrer Gesamtheit verstanden. Es existieren mehr als 300 unterschiedliche Theorien zum Altern und keine einzige kann die Summe an degenerativen Vorgängen, die sich im Laufe der Jahre im Organismus summieren und schließlich zum Tod führen, vollständig erklären.

Es existiert kein Naturgesetz, das uns das Altern vorschreiben würde. Es wurde noch nicht einmal ein spezielles „Alterungsgen" gefunden. Deshalb sind manche Gerontologen wie der Brite Aubrey de Grey oder David Sinclair von der Harvard Medical School der Ansicht, dass das Altern vielmehr eine Art Krankheit sei, von der wir irgendwann geheilt werden können. Einig ist sich die Wissenschaftsgemeinde nur, dass eine Vielzahl von Faktoren zur Vergreisung des Körpers beiträgt. Nicht wie, aber warum es geschieht, versuchen die Evolutionstheorien des Alterns zu erklären.

Die ersten Lebewesen auf diesem Planeten alterten gar nicht, vermuten die Evolutionsbiologen. Altern entstand erst im Laufe des Evolutionsprozesses bei höheren Lebewesen, weil es ihnen die Möglichkeit gab, sich schneller an veränderte Umweltbedingungen anzupassen. „Die Alten" machten so regelmäßig Platz für die genetisch optimierten Nachkommen und nahmen ihnen nicht die Ressourcen weg. In diesem Zusammenhang steht auch die von dem britischen Gerontologen Tom Kirkwood

Ist das Altern eine Art Krankheit, von der wir irgendwann geheilt werden können?

entwickelte „Disposable Soma Theory" – also die Theorie vom Körper, der gleichsam überflüssig wird, sobald er sich ausreichend fortgepflanzt hat. Der alte Körper wird entsorgt, um neuen, durch geschlechtliche Fortpflanzung verbesserten Körpern Platz zu machen. Organismen verfügen über zahlreiche Reparaturverfahren, um gealterte Zellen oder ganze Organe zu ersetzen. Mit zunehmendem Alter steckt der Körper aber immer weniger Energie in seine Erneuerung, sodass sich die Mechanismen des Alterns so lange entfalten, bis der Körper nicht mehr lebensfähig ist. Um welche Mechanismen es sich dabei handelt, also wie wir altern, versuchen die Schadenstheorien zu erklären.

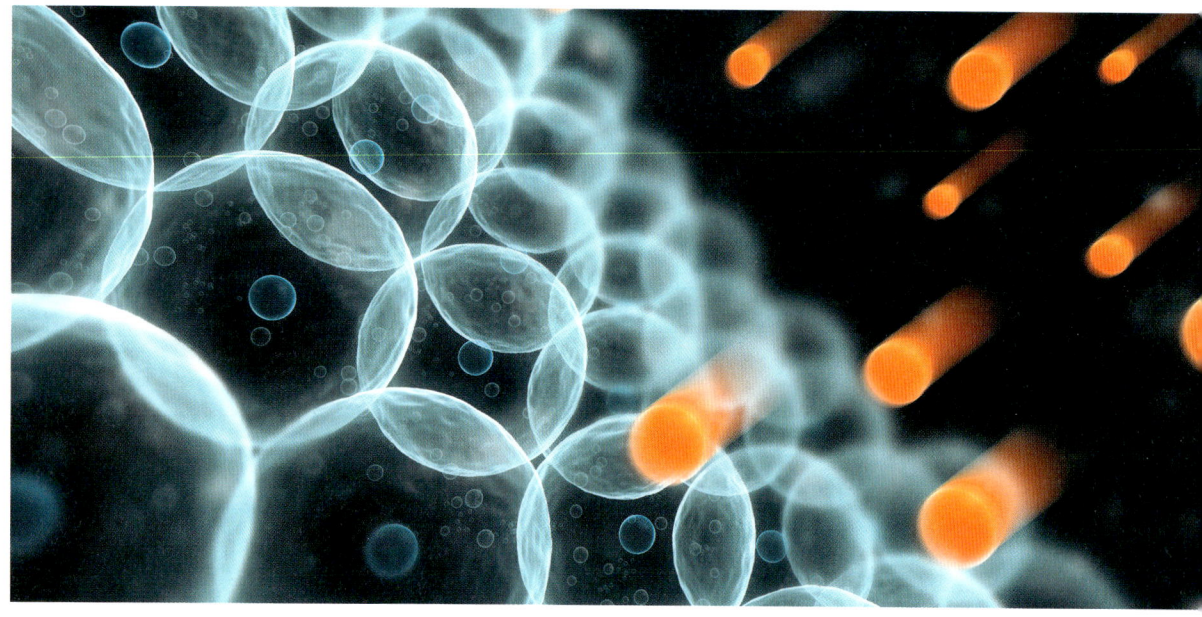

Schadenstheorien – Zellschäden als Ursachen des Alterns

Zellinterne Alterungsmechanismen und auch äußere Faktoren führen im Laufe der Zeit zu einer Ansammlung von Zellschäden, die in Summe den körperlichen Verfall verursachen. Die Schadenstheorien erklären uns, wie wir diesen Prozess verlangsamen können.

Freie Radikale – die Zellzerstörer

Die Theorie der freien Radikale zählt zu den bekanntesten Schadenstheorien. Sie wurde 1956 vom amerikanischen Gerontologen Denham Harman entwickelt und erlangte in den 1990er-Jahren große Popularität.

Bei freien Radikalen handelt es sich um eine Gruppe aggressiver Zwischenprodukte des Stoffwechsels, die ununterbrochen in unseren Zellen entstehen. Als hochreaktive aggressive Sauerstoffverbindungen schädigen sie die Zellen und ihre Erbsubstanz. Wobei sie paradoxerweise in der richtigen Menge und am richtigen

Freie Radikale schädigen unsere Körperzellen.

Ort auch einen gesundheitlichen Nutzen bringen können, da sie die Widerstandskraft unserer Zellen „trainieren".

Je nach Nahrungsaufnahme, Tätigkeit und Verhalten entstehen unterschiedlich viele freie Radikale. Bei einem einzigen Zug an einer Zigarette wird rund eine Billiarde davon gebildet. Grundsätzlich sind freie Radikale auch bei einem gesunden Lebenswandel integraler Bestandteil unseres Stoffwechsels. Je höher unsere Stoffwechselrate, also je mehr Oxidationsprozesse im Körper stattfinden, desto größer ist der oxidative Stress durch die freien Radikale und desto schneller nehmen die Zellen Schaden. Lange Zeit ging man deshalb davon aus, dass eine höhere Stoffwechselrate mit einer schnelleren Alterung in Verbindung steht – und zu einem gewissen Teil stimmt das auch. Sport führt allerdings ebenfalls zu einer erhöhten Stoffwechselrate und es ist wissenschaftlich gut belegt, dass regelmäßige Bewegung das Leben verlängert und die Gesundheit verbessert. Ähnlich widersprüchlich verhält es sich mit den freien Radikalen selbst. Vergleichende Studien mit unterschiedlichen Tieren konnten zeigen, dass die Lebenserwartung stark mit der Fähigkeit zusammenhängt, oxidativen Stress zu überstehen.

Unser Körper verfügt erfreulicherweise über zahlreiche Mechanismen, um durch freie Radikale verursachte Schäden wieder zu reparieren. Mit der Nahrung können wir die sogenannten Antioxidantien, wie etwa Vitamin C, zu uns nehmen. In Tierversuchen konnte gezeigt werden, dass die Futterbeigabe von Antioxidantien die Lebenszeit verlängert. Das führte vor allem in den 1990er-Jahren zu einem Boom der Antioxidantien in der Lebensmittel- und Nahrungsergänzungsindustrie. Die Euphorie wurde allerdings durch widersprüchliche Forschungsergebnisse gebremst. In den 2000er-Jahren wurde nachgewiesen, dass bei Antioxidantien „mehr" nicht immer besser ist: In umfangreichen Studien an Universitäten wie der ETH Zürich oder der Universität Kopenhagen wurde die Einnahme künstlich zugeführter Antioxidantien wie Betacarotin, Selen oder die Vitamine C und E mit der Wirkung von Placebo-Pillen verglichen. Im Gegensatz zur früheren Ansicht, dass diese Stoffe im schlimmsten Fall nichts nützen, stellte sich heraus, dass die

Rauchen erzeugt freie Radikale im Übermaß.

regelmäßige Einnahme von Vitaminen dem Körper sogar schaden kann. Die Überflutung des Organismus mit synthetischen Antioxidantien führt nämlich dazu, dass seine Fähigkeit, sich gegen Krankheiten und Alterungsschäden zu wehren, sukzessive abnimmt. Zu wenige freie Radikale im Körper beschleunigen also sogar den Alterungsprozess. Es geht um eine angemessene Balance zwischen freien Radikalen und den sie bekämpfenden Antioxidantien – und die Natur hat genau die richtige Menge davon in ihren Früchten platziert. Natürliche antioxidative Nahrung sollte unbedingt Teil der

Jungbrunnen-Küche sein und entfaltet garantiert viele positive (Anti-Aging-)Wirkungen.

Verkürzung der Telomere – der Alterscountdown

Der Mensch besteht aus etwa 70 bis 100 Billionen Zellen. Um die Körpersubstanz ständig zu erneuern, um zu wachsen oder Wunden zu heilen, teilen sich die Zellen – je nach Art alle paar Stunden oder Tage oder in deutlich längeren Zeiträumen. Um eine exakte Kopie der alten Zelle herstellen zu können, befindet sich die DNA mit ihren Genen, quasi der Bauplan, im Zellkern: Sie steckt, fein säuberlich aufgerollt und strukturiert, in den Chromosomen, die an ihren Enden eine Art von Schutzkappen haben – die sogenannten Telomere. Manche vergleichen die Telomere mit den Plastikkappen an den Enden von Schnürsenkeln. Wenn sie fehlen, fransen die Schnürsenkel aus und werden unbenutzbar. Ähnlich verhält es sich mit den Telomeren. Sie sind bei unserer Geburt noch sehr lang und verkürzen sich bei jeder Zellteilung parallel zum Altern. Die Telomere werden immer kürzer und die Qualität der „Kopien" immer schlechter, bis die Zellen ihre zentralen Funktionen nicht mehr erfüllen können. Sie verlieren ihre Teilungsfähigkeit – der programmierte Zelltod wird eingeleitet. Die Altersforscher sprechen von der sogenannten Hayflick-Grenze. Dieser „Alterscountdown" bietet eine Erklärung dafür, warum der Mensch nicht älter als rund 120 Jahre werden kann und sich in der zweiten Lebenshälfte mit einer zunehmenden Zahl von Erkrankungen konfrontiert sieht. Die Verkürzung der Telomere ist ein beständig ablaufender Prozess. Umwelteinflüsse und Lebensstil-Entscheidungen wie z. B. Rauchen können diesen deutlich beschleunigen. Wie gut, dass es in unserem Körper Mechanismen gibt, die die Verkürzung der Telomere verlangsamen und

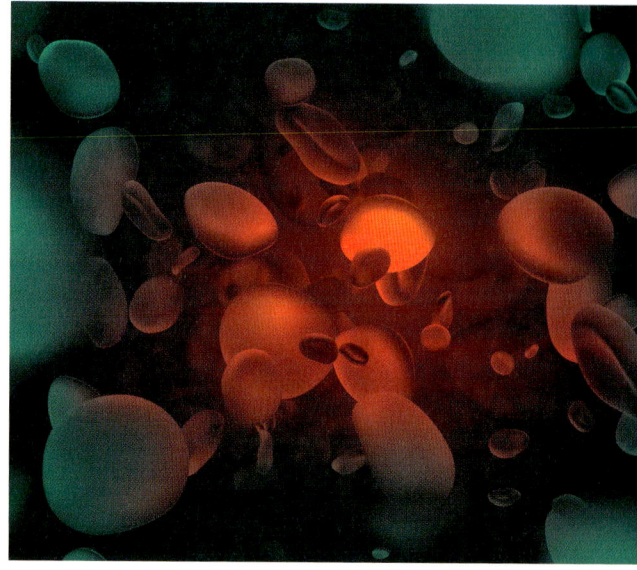

Seneszente „Zombie"-Zellen beschleunigen den Alterungsprozess.

den „Alterscountdown" bis zu einem gewissen Grad auch wieder zurücksetzen können (siehe „Jungbrunnen-Werkzeuge – Körpereigene Strategien der Verjüngung" ab Seite 45).

Seneszente Zellen – Angriff der „Zombies"

Etwa ab einem Alter von vierzig Jahren beginnt im Körper etwas schiefzulaufen. Manche Zellen, die eigentlich beseitigt werden sollten, weil ihre Telomere zu kurz sind oder weil ihr Erbmaterial aus anderen Gründen beschädigt wurde, verbleiben im Körper. Sie können sich zwar nicht mehr teilen und sind eine Belastung für den Organismus, vegetieren aber weiter und sondern dabei alarmierende „Panik-Botenstoffe" ab, die auch gesunde Zellen in der Umgebung zu schädigen beginnen. Immer mehr dieser „Zombie"-Zellen sammeln sich im Gewebe an und werden zur Ursache von chronischen Entzündungen, die den Prozess der Alterung beschleunigen. Glücklicherweise gibt es Stoffe, sogenannte Senolytika, die gezielt den Tod und Abtransport der „Zombie"-Zellen einleiten und so den Körper wieder verjüngen.

Chronische Entzündungen beschleunigen das Altern

Im Prinzip sind Entzündungen biologisch sinnvolle Abwehrreaktionen, um etwa einen Krankheitserreger zu bekämpfen. Solche akuten Entzündungen sind ein ganz wesentlicher Mechanismus des Immunsystems, im Gegensatz dazu haben chronische Entzündungen keinen definierten messbaren Auslöser. Sie verlaufen unterschwellig, ohne klare Kennzeichen und Symptome. Es handelt sich um Fehlreaktionen, die den Organismus langfristig schädigen. Chronische Entzündungen werden mit einer ganzen Reihe von altersassoziierten Erkrankungen in Verbindung gebracht und gelten mittlerweile selbst als eine Ursache für das Altern. Im Amerikanischen wurde deshalb das Hybrid-Wort „Inflammaging" aus den Worten „Inflammation" (Entzündung) und „Aging" (Altern) geprägt.

Von seneszenten Zellen abgesonderte „Panik-Botenstoffe", die Zytokine, gelten als ein Faktor, der chronische Entzündungen befördert – aber nicht als einziger. Inzwischen werden auch ungesunde Ernährung (siehe „Die Alterungsbeschleuniger" ab Seite 31), Schlafmangel und Stress als wesentliche Faktoren gewertet. Zudem bestärkt ein unausgewogenes Verhältnis von Omega-3- zu Omega-6-Fettsäuren, das oft als Folge unserer modernen Ernährungsweise entsteht, diesen Alterungstreiber in unserem Körper (siehe Infobox „Omega-3: das Anti-Aging-Fett" Seite 50).

Glykation: die verheerende Verzuckerung des Körpers

Im Laufe des Alterns kommt es im Körper vermehrt zur Reaktion von Proteinen und Fetten mit Kohlenhydraten und damit zur Entstehung sogenannter Advanced Glykation End Products (AGEs). Diesen als Glykation bezeichneten Prozess können wir auch außerhalb des Körpers beobachten, z. B. wenn wir Fleisch braten und eine braune Kruste entsteht. Je mehr Kohlenhydrate, vor allem Zucker, wir zu uns nehmen und je mehr Stress wir haben, desto mehr AGEs entstehen auch in unserem Körper. Wir werden gleichsam von innen heraus „knusprig gebraten". Allerdings bekommen wir keine braune Haut, sondern eine faltige: Die biochemische Reaktion mit den Zuckermolekülen schädigt die Proteine Kollagen und Elastin, die der Haut Elastizität und Spannkraft geben. Ein jahrelanger hoher Zuckerkonsum und ein überhöhter Blutzuckerspiegel lassen sich daher direkt am Zustand der Haut ablesen. Darüber hinaus werden die AGEs mit zahlreichen weiteren Alterserscheinungen und Alterserkrankungen in Verbindung gebracht wie Alzheimer, Osteoporose, Arthritis, Diabetes, Herz-Kreislauf-Erkrankungen und auch mit chronischen Entzündungen.

Informationstheorie des Alterns

Erbinformationen werden im Laufe der Zeit immer schlechter lesbar, was die Zell-Seneszenz und damit Alterungserscheinungen verursacht: Diese Theorie lehrt uns, wie sich „Lesefehler" in unsere Zellen einschleichen – und wie sie wieder behoben werden können.

Epigenetische Veränderungen

Um den Körper jung und gesund zu erhalten, ist es von entscheidender Bedeutung, dass die Körperzellen in der immer gleichen Qualität und Perfektion „kopiert" werden. Leider können sich durch innere und äußere Faktoren Fehler in die Erbinformation einschleichen. Wird dann der Zellbauplan beschädigt, ist auch die daraus entstehende Zelle fehlerhaft. Glücklicherweise verfügt der Körper über zahlreiche Mechanismen, um Brüche und Schäden an den DNA-Strängen der Gene zu reparieren.

In jeder einzelnen Körperzelle befinden sich alle rund 20.000 Gene des menschlichen Zellbauplans, des sogenannten Genoms. Wie weiß nun eine Zelle, ob sie sich zur Gehirnzelle, zur Leberzelle oder zur Hautzelle entwickeln soll? Welche Gene müssen dazu jeweils ein- und ausgeschaltet werden? Nun, darüber entscheidet eine weitere Informationsebene im menschlichen Erbmaterial – das Epigenom. Der Altersforscher David Sinclair vergleicht das menschliche Genom mit seinen rund 20.000 Genen mit der digitalen Information auf einer Musik-CD. Den analogen Auslese-prozess durch den CD-Player vergleicht er mit dem Epigenom.

Während die digitalen Informationen selbst sehr stabil sind, können durch manuelle Abnutzungen Kratzer auf der Oberfläche der CD entstehen – der CD-Player kann die Information nicht mehr richtig auslesen. Je öfter wir die CD benutzen und je schlechter wir darauf achtgeben, desto mehr Gebrauchsspuren und Kratzer werden den Laser des Players stören. Zuerst wird dies kaum hörbar sein, aber je stärker sich die physischen Abnutzungen auf der CD-Oberfläche abzeichnen, desto verzerrter

Wie die Kratzer auf einer Audio-CD – schlechter lesbar werdende Erbinformation führt zu körperlichem Verfall.

wird die Information, bis die Musik nur noch aus Störgeräuschen besteht und der Player aufgibt. Für die Zukunft haben Gerontologen wie David Sinclair die Vision, dass wir uns die Informationen quasi von einer Backup-CD holen und unsere Erbinformationen in regelmäßigen Abständen wieder auffrischen. Wir könnten uns vielleicht alle zehn bis zwanzig Jahre gegen das Altern „impfen" lassen. Doch auch, wenn das in der Theorie vielleicht vorstellbar ist, in der Praxis sind wir noch weit davon entfernt.

Die Informationstheorie des Alterns, wie David Sinclair seine Theorie bezeichnet, kann uns aber auch heute schon dabei helfen, zumindest langsamer zu altern. Die Erkenntnisse über die epigenetischen Zusammenhänge helfen uns dabei, weniger „Kratzer" auf unserer Jungbrunnen-CD zu hinterlassen. Außerdem geben sie uns die Werkzeuge in die Hand, um sie teilweise wieder aufzupolieren und die „Symphonie unseres Körpers" von Störgeräuschen und Verzerrungen zu befreien. Durch unsere Lebensstilentscheidungen haben wir viel mehr Einfluss auf den Alterungsprozess, als in der Vergangenheit vermutet wurde.

Genetik versus Lebensstil – Wie viel Einfluss haben wir auf den Alterungsprozess?

Jeder kennt jemanden, der trotz ungesunder Gewohnheiten ein Leben lang gesund war, während ein anderer, der sich immer bewusst ernährt hat, schwer erkrankt ist. Solche Fallgeschichten lassen sich wissenschaftlich kaum aufarbeiten. Jeder Mensch bringt unterschiedliche Erbinformationen mit. In den meisten Fällen wissen wir zudem wenig darüber, welche positiven Einflüsse den negativen Lebensstilentscheidungen gegenübergestanden sind und warum sie sich auf die jeweilige Person mit ihrem einzigartigen Erbmaterial gerade so auswirken. Eine große Chance bietet da die Zwillingsforschung: Die Wissenschaft kann hier immer zwei Menschen untersuchen, die über exakt die gleiche DNA verfügen. So lässt sich feststellen, wie sich unterschiedliche Umwelteinflüsse bei gleicher Erbinformation manifestieren. Es reicht oft schon, wenn man Fotos von Zwillingen optisch vergleicht. Wenn einer der beiden jahrelang Kettenraucher war und der andere Nichtraucher, so ist ihr Genom noch immer gleich. Der eine hat allerdings größere Tränensäcke, eine fahlere, faltigere Haut und ein hängendes Doppelkinn. Der eine überlebt den anderen womöglich um viele Jahre, weil er bestimmte Krankheiten nicht bekommt. Im Einzelfall hat auch das keine Aussagekraft. Werden allerdings Tausende von eineiigen Zwillingen verglichen, wie das schon in zahlreichen Studien mit Blick auf die Lebenserwartung und das biologisches Alter geschehen ist, kommen wir zu einem überraschenden Ergebnis. Altersforscher schätzen den Anteil des genetischen Einflusses auf den Alterungsprozess auf lediglich zehn bis 25 Prozent. Die Art und Weise, wie wir altern, liegt also zum größten Teil in unseren Händen und hängt davon ab, wofür und wogegen wir uns entscheiden, welchen Gewohnheiten wir uns hingeben und welchen besser nicht.

DIE ALTERUNGS-BESCHLEUNIGER

Moderne Industrienahrung als Alterungsdiät

Neben Dauerstress, Schlafmangel und Genussgiften fördert die moderne Ernährungsweise wie kaum ein anderer Faktor den körperlichen Verfall. Die industrialisierte Lebensmittelproduktion verursacht mit ihren denaturierten Zutaten verschiedenste Zivilisationskrankheiten und beschleunigt den Alterungsprozess.

Was uns alt macht

Dauerhafter Stress und ein ständig erhöhter Level des Stresshormons Cortisol schwächen das Immunsystem, gelten als Auslöser chronischer Entzündungen und lassen sich oft auch unmittelbar am Hautbild ablesen. Ein gesundes Maß an Stress hingegen ist durchaus hilfreich, sorgt für Höchstleistungen – und nicht zuletzt auch für Glücksgefühle. Wie ungünstig sich ein Leben gegen die innere Uhr auf Gesundheit und Alterung auswirkt, hat die Erforschung der zirkadianen Rhythmen gezeigt. Schichtarbeiter etwa setzen sich einem deutlich höheren Gesundheitsrisiko aus. Schlechter Schlaf bzw. Schlafmangel sind echte Alterungstreiber.

Dass der dauerhafte Konsum von (Genuss-)Giften der Gesundheit schadet, ist allgemein bekannt. Rauchen z. B. verkürzt die Telomere, schädigt die Zellen bei jedem Lungenzug und befeuert chronische Entzündungen. Befreien Sie sich am besten vorgestern statt morgen von diesem Laster! Manche Genussmittel wie Wein, speziell Rotwein, oder schwarzer Kaffee können in Maßen genossen aber auch positive gesundheitliche Effekte haben. Ebenso gesundheitsschädlich wie das Rauchen wird mittlerweile Bewegungsmangel eingeschätzt. Aus Vergleichsstudien mit eineiigen Zwillingen weiß man, dass Menschen, die viel sitzen, deutlich schneller altern und eine kürzere Lebens-

Dauerstress und denaturierte Lebensmittel machen uns alt.

erwartung haben als ihre bewegungsfreudigeren Zwillingsschwestern oder -brüder – trotz derselben Gene.

Die Alterungsbeschleuniger Dauerstress, Schlafmangel, schädliche Strahlungen und Gifte, auch Genussgifte, sind mittlerweile gut erforscht und auch in den Medien breit publiziert. Wie sehr hingegen vermeintlich „normales" Essen aus dem Supermarkt, oftmals sogar beworben mit gesundem Image, unser Leben verkürzt, hat das kollektive Bewusstsein allerdings noch nicht zur Gänze erreicht.

„Western Diet" – die Alterungs-Diät

Über Jahrhunderte hinweg ist die durchschnittliche Lebenserwartung des Menschen stetig gestiegen. Statistiker des Centers for Disease Control and Prevention, einer US-amerikanischen Gesundheitsbehörde, beobachten seit 2014 allerdings eine beunruhigende Trendwende: Der statistisch deutlich sichtbare Rückgang der Lebenserwartung in den USA hat zu einem großen Teil mit dem Anstieg der sogenannten Zivilisationskrankheiten zu tun. Dass diese Trendwende ausgerechnet in den USA, dem Zentrum der Fastfood-Industrie, am stärksten ausfällt, ist kein Wunder: Immer mehr Studien weisen darauf hin, dass die moderne, industriell zubereitete Nahrung, im Fachjargon „Western Diet" genannt, für viele Krankheiten (mit-)verantwortlich ist.

Eine 2019 veröffentlichte Vergleichsstudie aus 195 Ländern hat ergeben, dass ungesunde Ernährung das größte Gesundheitsrisiko weltweit darstellt. Elf Millionen Todesfälle und 255 Millionen durch Krankheit beeinträchtigte Lebensjahre waren im Jahr 2017 einer Ernährungsweise anzurechnen, die sich u. a. durch einen Mangel an frischem Obst und Gemüse, durch zu wenige Vollkornprodukte, aber zu viel Fleisch, Zucker und Salz sowie industrielle Zusatzstoffe auszeichnet. Zahlreiche Autoren weisen darauf hin, dass „Processed Food" (industriell verarbeitete Nahrung) eine größere Bedrohung für das

Leben der Menschen darstellt als sämtliche Gewaltverbrechen und Krankheitserreger zusammen. Warum? Ganz einfach: Weil die Bedürfnisse der Nahrungsmittelindustrie und die unseres Organismus in vielen Bereichen gegenläufig sind. Die Industrie braucht haltbare Produkte und dazu müssen Lebensmittel so gut wie möglich „abgetötet" und sterilisiert werden. Die Konservierungsstoffe, die hier zum Einsatz kommen, schaden jedoch nicht nur den Bakterien in den Nahrungsmitteln, sondern auch den lebenswichtigen Bakterien in unserem Darm. Außerdem werden Hunderte andere Chemikalien und Zusatzstoffe eingesetzt, etwa um Optik oder Konsistenz des Produktes zu verbessern. Für unseren Organismus sind diese Stoffe jedoch oft nicht nur wertlos, sondern sogar schädlich.

Gerontotoxine: „Alterungsgifte" im Essen

In der EU gibt es Hunderte zugelassene Lebensmittelzusatzstoffe. Diese machen Speisen und Getränke zwar haltbarer, ansehnlicher und leichter verarbeitbar – lassen uns Menschen jedoch schneller altern.

Eine Flut an unerwünschten Alterungsbeschleunigern

341 Lebensmittelzusatzstoffe sind es genau, die in den Staaten der Europäischen Union verwendet werden dürfen, dazu kommen noch rund 2.800 Aromastoffe – von „saftig-reifer Tomate" bis „rauchiger Schinken". Auch die sogenannten natürlichen Aromastoffe, die u. a. aus Schimmelpilz- und Bakterienkulturen stammen, manipulieren unseren Geschmackssinn. Diese Aromen sind zwar keine unmittelbare Gefahr für die Gesundheit, täuschen aber über die wahre Qualität des Essens hinweg, das oft nicht viel mehr ist als ein alterungsbeschleunigender Mix aus „leeren" Kalorien und Chemikalien.

Natürlich ist jede chemische Verbindung, die als Lebensmittelzusatzstoff zugelassen ist, auf ihr Gesundheitsrisiko überprüft und als unbedenklich eingestuft. Kurzfristig und einzeln verträgt unser Körper diese Stoffe auch meist ohne Probleme. Doch wir nehmen mit einer einzigen Mahlzeit oft Dutzende chemische Verbindungen gleichzeitig auf – in unterschiedlichsten Kombinationen, mehrmals am Tag, über Jahrzehnte hinweg. Keine Studie kann das simulieren.

Je mehr die traditionelle Ernährung durch die moderne „Western Diet" ersetzt wird, desto besser werden die gesundheitlichen Effekte in der Weltbevölkerung sichtbar. Eine Studie der Harvard School of Public Health geht davon aus, dass etwa 180.000 Todesfälle jährlich allein auf den Konsum von Softdrinks zurückzuführen sind. Der Mix aus zu viel Zucker und chemischen Verbindungen verursacht Herz-Kreislauf-Erkrankungen, Diabetes und Krebs. Ein Übeltäter ist die Phosphorsäure (E338) in Cola-Getränken, die nur dazu dient, den bräunlichen Farbton zu regulieren. Die Getränkehersteller weisen

darauf hin, dass die Unbedenklichkeit dieses Zusatzstoffes amtlich verbürgt ist. Immer mehr wissenschaftliche Studien zeigen aber, dass es sich gerade bei den Phosphorverbindungen um echte Alterungsbeschleuniger und Krankmacher handelt, zumal sich die in der Lebensmittelindustrie eingesetzte Menge seit 1990 verdoppelt hat.

Phosphate und Nitrite: Signalmoleküle des Alterns

Sie verbergen sich hinter Kürzeln wie E339 (Natriumphosphat), E340 (Kaliumphosphat), E341 (Calciumphosphat), E451 (Triphosphate) oder E452 (Polyphosphate) und stehen ganz oben auf der Liste der „Alterungsgifte": Phosphate lassen sich in der Lebensmittelindustrie ebenso universell einsetzen, wie sie sich negativ auf unsere Gesundheit auswirken.

Da sie auch in unserer Nahrung in natürlicher Form vorkommen und eine wichtige Rolle in unserem Körper spielen, galten sie lange als völlig unbedenklich. Zahlreiche wissenschaftliche Studien der letzten Jahre zeigten aber, dass ein großer Unterschied zwischen der natürlichen Phosphatzufuhr und den freien Phosphaten als Nahrungsmittelzusatzstoff besteht, nicht zuletzt, weil die verwendete Menge in den letzten Jahrzehnten massiv zugenommen hat. Ihr „Einsatzgebiet" ist vielfältig, sie fungieren als Konservierungsmittel, Säuerungsmittel, Säureregulatoren, Emulgatoren, Stabilisatoren oder Geschmacksverstärker, sorgen beim Fertig-Cappuccino für stabilen Schaum, machen den Schmelzkäse wunderbar weich, die Wurst lange haltbar und pulvrige Produkte schön rieselfähig. Leider machen sie auch unsere Knochen „rieselfähig" und gelten als (Mit-)Auslöser für Osteoporose. Der Kalk, der in den Knochen fehlt, wird in den Blutgefäßen abgelagert: Zwischen einem hohen Phosphatspiegel und der Verkalkung von Blutbahnen und Organen wird mittlerweile ein direkter Zusammenhang gesehen.

Mediziner halten Phosphate für eine ganze Reihe von Erkrankungen mitverantwortlich – vom Schlaganfall bis zur chronischen Niereninsuffizienz. Koreanische Forscher haben sogar einen Zusammenhang mit der Entstehung von Lungenkrebs gefunden. Aber auch wenn wir keine schweren Erkrankungen bekommen, diese Gerontotoxine drehen in jedem Fall an der Alterungsschraube. Ein hoher Phosphatspiegel im Blut macht die Haut dünner und lässt uns älter aussehen. Schon 2010 zeigte eine Studie der Harvard Medical School, dass Phosphate zu einem beschleunigten Alterungsprozess führen, was ihnen den Ruf als „Signalmoleküle des Alterns" eingebracht hat.

Phosphate allein für die Gefahren der Lebensmittelindustrie verantwortlich zu machen, wäre jedoch bei Weitem zu kurz gegriffen. Noch gefährlicher sind mitunter Nitratsalze, die in der Fleischindustrie eingesetzt werden, um das Fleisch rötlich zu färben, um es vor mikrobiellem Verderb zu schützen und um ihm eine lange Haltbarkeit zu verleihen. Nitratsalze können im Darm mit anderen Eiweißstoffen, wie wir sie etwa im Käse finden, sogenannte Nitrosamine bilden – und die gelten als krebserregend. Die WHO und die Internationale Krebsforschungsagentur haben deshalb Würstchen, Schinken, Speck und alle verarbeiteten Fleischprodukte bezüglich der potenziellen Krebsgefahr auf eine Stufe mit Tabak gesetzt. Der regelmäßige Konsum von verarbeitetem Fleisch erhöhe das Darmkrebsrisiko um 18 Prozent je 50 Gramm Verzehr pro Tag.

Auch wenn es zahlreiche Hinweise dafür gibt, dass der übermäßige Verzehr von rotem Fleisch generell Gesundheitsschäden verursacht, geht die größte Gefahr wohl vor allem von dessen industrieller Verarbeitung und dem Zusatz von Pökelsalzen aus. Eine Studie der Universität Washington zeigte, dass der Genuss von verarbeitetem Fleisch die Alterung ungleich mehr beschleunigte als der Genuss von unverarbeitetem Fleisch. Die Telomere, die einen entscheidenden Marker für das biologische Alter darstellen, wurden durch Wurst und Schinken deutlich verkürzt, während die Wissenschaftler durch den Frischfleischkonsum keine signifikante Verkürzung der Telomere feststellen konnten.

Konservierungsstoffe, Stabilisatoren & Co: Aus der „Giftküche" der Fooddesigner

Konservierungsmittel sind eine tragende Säule der Lebensmittelindustrie. Fooddesigner versetzen industriell gefertigte Lebensmittel mit einer ganzen Palette an Zusatzstoffen, damit die Produkte nicht so schnell unappetitlich aussehen bzw. schon nach kurzer Zeit nicht mehr schmecken oder gar verderben. Eine „Chemiekeule" nach der anderen erweist sich jedoch als bedenklich oder schwer bedenklich, selbst wenn sie nur in kleinen Mengen eingesetzt wird. Natriumbenzoat (E211) ist einer der weltweit am meisten verwendeten Konservierungsstoffe. Bis vor einigen Jahren galt er als völlig harmlos. Wir finden ihn in fruchtigen Wellnessgetränken, Gewürzgurkenscheiben, Saucen, Obstkonserven und eingelegten Heringshappen. An der University of Chicago hat man 2018 jedoch herausgefunden, dass Natriumbenzoat offensichtlich alles andere als unbedenklich ist: Selbst in kleinen Mengen beginnt das Konservierungsmittel nicht nur unser Darm-Mikrobiom negativ zu beeinflussen, sondern auch unser Erbgut zu schädigen. Es soll unser Epigenom verändern und mehr oder weniger wie Schmirgelpapier auf unsere „Alterungs-CD" wirken. Darüber hinaus wird es mit Zuckerkrankheit, Hyperaktivität und Wachstumsstörungen in Verbindung gebracht, auch soll es unsere Zellkraftwerke, die Mitochondrien, attackieren, wodurch uns sinnbildlich der Stecker gezogen wird.

Ähnliches wurde bereits für die sogenannten Azofarbstoffe herausgefunden, die in der Lebensmittelindustrie beliebt sind, weil sie sich als besonders hitzebeständig erwiesen haben. Wir finden sie unter Namen wie Sunsetgelb (E110), Amaranth (E123, nicht zu verwechseln mit dem Pseudogetreide Amarant) oder Cochenillerot (E124) in der ganzen

Palette der Industrienahrung, seien es Kekse oder Kaviarersatz.

Um all die verwendeten Zusatzstoffe der Foodesigner mit ihren vermuteten und bestätigten Nebenwirkungen auf den menschlichen Körper aufzuzählen, bräuchte es mehrere Bücher. Aufmerksame Konsumenten werden zum Glück immer hellhöriger, wenn sie all die Geschmacksverstärker, künstlichen Süßstoffe und Emulgatoren mit ihren berüchtigten E-Nummer auf den Zutatenlisten finden. Die Hersteller gehen deshalb verstärkt dazu über, statt der E-Nummern die Namen der Zutaten in der Liste der Inhaltsstoffe anzugeben. „Carrageen" klingt deutlich unverdächtiger als „E407" – wir finden dieses Verdickungsmittel in praktisch allen Sahneprodukten, in Marmeladen, Desserts, Wurstwaren, Babynahrung und anderen Fertiggerichten. Carrageen wird in einem komplizierten chemischen Prozess aus Rotalgen gewonnen und hat sich als Darmschädling und Risikostoff für Diabetes erwiesen. Im Tierversuch wurden durch die Gabe von Carrageen Geschwürbildungen und Veränderungen im Immunsystem festgestellt. Guarkernmehl (E412) klingt schon fast gesund. Dabei gilt das vor allem aus weitgehend unverdaulichen Kohlenhydraten bestehende Verdickungsmittel nicht nur als Allergieauslöser, in Einzelfällen wurden auch Gefäßödeme, Nesselsucht und Atemprobleme beobachtet. Guarkernmehl darf ohne Mengenbeschränkung eingesetzt werden.

Zahlreiche Zusatzstoffe wie die sogenannten Milcheiweißerzeugnisse unterliegen noch nicht einmal den Zulassungsbeschränkungen der EU-Verordnung für Lebensmittelzusatzstoffe. Offiziell gelten sie nämlich als „natürliche" Lebensmittel, auch wenn es sich um chemisch transformierte Produkte handelt.

> **Ein Lebensmittelzusatzstoff nach dem anderen erweist sich in Studien als gesundheitlich bedenklich oder sogar schwer bedenklich.**

So lösen Milcheiweißerzeugnisse manchmal Unverträglichkeiten bis hin zum anaphylaktischen Schock aus.

Tückische Verpackungen

Ein Teil des Problems sind auch die Verpackungen. Weichmacher und speziell das berüchtigte Bisphenol A (BPA) in Folien und Kunststoffen können auf Lebensmittel übergehen und den Organismus schädigen. Störungen im Hormonsystem, Diabetes, Unfruchtbarkeit, ein erhöhtes Krebsrisiko sowie die Zunahme von Verhaltensstörungen werden mit Lebensmittelverpackungen aus Kunststoff in Zusammenhang gebracht.

Auch Aluverpackungen sind problematisch, denn saure oder salzhaltige Lebensmittel können Aluminiumteilchen herauslösen, die dann vom Organismus aufgenommen werden. Geschmacksverstärker wie Glutamate erleichtern den Übertritt des Aluminiums durch die Blut-Hirn-Schranke – und dieses wird verdächtigt, dort die Entstehung der Alterserkrankung Alzheimer zu fördern.

Zubereitung und Zucker – mit dem AGE-Express ins Altersheim

Die AGEs, die altersbeschleunigenden Glykationsprodukte, entstehen sowohl im Körper als auch bei der Lebensmittelzubereitung. In jedem Fall liegt es an unserem Essverhalten, ob wir die Menge dieser „Altmacher" im Körper reduzieren oder steigern.

Im Zuge der Glykation (siehe Seite 27) reagieren Kohlenhydrate, insbesondere Zucker, mit Proteinen und Fetten unter bestimmten Umständen zu sogenannten AGEs (Advanced glykation end products). Glücklicherweise kann unser Organismus unter „normalen" Umständen AGEs neutralisieren. Je größer allerdings die tägliche Belastung ausfällt, desto mehr dieser Verbindungen sammeln sich in unserem Körper – und das kann schlimme Folgen nach sich ziehen: AGEs fördern die Entstehung von Alzheimer, Herzinfarkt, Arthritis, Nierenversagen, Diabetes und anderen Erkrankungen. Acrylamid, das als Nebenprodukt beim Frittieren, Braten und Rösten entsteht, ist das bekannteste AGE – es wird sogar verdächtigt, Krebs auszulösen. Vor allem Pommes frites und Kartoffelchips sind dadurch in Verruf geraten.

Die trockene Hitze beim Grillen erzeugt eine sichtbare braune Kruste aus AGE-Produkten am Fleisch. Chemiker bezeichnen

> **Gegrilltes Hühnerfleisch enthält mehr als fünfmal so viele „Altmacher" wie gekochtes.**

DIE ALTERUNGSBESCHLEUNIGER

diesen Vorgang als „Maillard-Reaktion". Dieser „Überzug" am Essen sieht appetitlich aus und schmeckt gut. Er kann uns jedoch krank machen – und er lässt uns schneller altern. Gegrilltes Hühnerfleisch enthält mehr als fünfmal so viele AGEs wie gekochtes. Pommes frites enthalten rund zehnmal so viele „Altmacher" wie die gleiche Menge gekochter Kartoffeln. Im Vergleich zu den Rohwaren kann sich die AGE-Belastung im fertigen Produkt manchmal mehr als verhundertfachen.

Fruchtsäfte und Smoothies wirken auf den ersten Blick wie eine andere Erscheinungsform frischer Früchte. Aber auch vermeintlich gesunde Produkte aus Obst können AGE-belastet sein, wenn sie für den Verkauf gepresst, konzentriert und erhitzt werden. Durch das Entsaften und Pressen gehen nicht nur wertvolle Ballaststoffe und sekundäre Pflanzenstoffe verloren, wir werden dadurch auch mit großen Mengen an Fruchtzucker überhäuft. Noch stärker als andere Zuckerarten fördert Fruktose neben der Fettleber

Zuckerprodukte im Übermaß machen uns vermeintlich glücklich, in Wahrheit aber alt und krank.

auch die Entstehung der AGEs. Auf dem Weg vom frischen Apfel zum Apfelsaft im Ladenregal wächst die Menge einzelner AGEs mitunter auf das bis zu 500-Fache an. „Gesundheitsprodukte" werden so zu wahren AGE-Bomben. Ihr hoher Zuckergehalt befeuert zusätzlich die Entstehung weiterer AGEs in der Blutbahn.

Gefährlicher Zucker

An dieser Stelle sei nochmals darauf hingewiesen: Zucker ist der wahrscheinlich schlimmste und gefährlichste Alterungstreiber. Nicht weil er an sich schädlich wäre, sondern weil wir viel zu viel davon konsumieren und ihn der Organismus mit offenen Armen in jede Zelle transportiert. Vor der industriellen Revolution nahmen unsere Vorfahren im Jahr weniger Zucker zu sich als wir heute an einem einzigen Tag mit der globalisierten „Western Diet". Der Historiker Yuval Harari meint, dass Zucker heutzutage gefährlicher sei als Schießpulver und mehr Menschen töte als Krieg, Mord und Terror zusammen.

Der „süße Tod" ist allerdings ein schleichender, da wir durch die rasant fortschreitende Glykation quasi von innen heraus langsam knusprig gebraten werden. AGEs lassen uns förmlich verwelken, nicht nur, indem sie das Kollagen der Haut zerstören und uns runzelig und fahl machen, sondern auf allen Ebenen. Die direkte Verbindung zu einer Vielzahl von Krankheiten, die uns mehr oder weniger schnell ins Grab bringen, ist mittlerweile gut erforscht. Deshalb bezeichnen manche Zucker als vielleicht „gefährlichste Droge der

> **Zucker ist die vielleicht gefährlichste Droge der Welt.**

Welt". Zum Glück werden die Folgen eines ständig überhöhten Blutzucker- bzw. Insulinspiegels immer mehr Menschen bewusst. Das heißt nicht, dass wir nie wieder Süßigkeiten oder Pommes und knusprig gebratenes Fleisch essen dürfen. Es geht um den bewussten, sorgsamen Umgang damit. Denn ähnlich wie beim „Trainingseffekt" der Oxidantien für den Organismus verhält es sich auch mit den AGEs: Kleine Mengen an „Gift" sind sogar förderlich für unsere Gesundheit (siehe Info-Box „Das Hormesis-Prinzip" Seite 61). Der tägliche „Giftcocktail" der Nahrungsmittelindustrie ist jedoch zu viel für unseren Körper. Der Großteil des Zuckers, den wir zu uns nehmen, ist in den Lebensmitteln „versteckt". Es geht um größere Gewinnspannen für die Industrie – wir bezahlen mit unserer Gesundheit. Wir brauchen wieder die Kontrolle über unsere Nahrung. Wenn wir selbst kochen und uns naturnah ernähren, dürfen wir auch genießen und brauchen uns über das eine oder andere Stück knuspriges Fleisch oder ein gutes Dessert keine Gedanken zu machen. Die Rückkehr zur traditionellen Ernährung ist eine der wichtigsten Lektionen, die wir aus der Erforschung der sogenannten „Blue Zones" ziehen können – jener Orte, an denen Menschen besonders lange und gesund leben.

DIE GEHEIMNISSE DER GLÜCKLICHEN 100-JÄHRIGEN

„Blue Zones": Was wir von den „Jungbrunnen-Inseln" lernen können

„Blue Zones" werden jene fünf Gegenden genannt, in denen die meisten über 100-jährigen Menschen der Welt leben. Warum werden diese Menschen nicht nur sehr alt, sondern bleiben auch gesund und fit und versprühen zudem jede Menge Lebensenergie? Was machen Sie anders? Mit anderen Worten: Was ist das Geheimnis ihres Jungbrunnens?

Auf der Suche nach Antworten hat sich die Wissenschaft mit dem Lebensstil der alten Menschen auseinandergesetzt – jenem Lebensstil, dessen Früchte die heute 100-Jährigen nun ernten: ein gesundes, zufriedenes und fittes hohes Lebensalter.

Die vier Prinzipien der 100-Jährigen
1. Intervallfasten mit kalorienreduzierter Ernährung
2. Biologische Lebensmittel mit traditioneller Zubereitung
3. Viel natürliche Bewegung in freier Natur
4. Achtsamkeit, Sinn und soziale Beziehungen

Intervallfasten mit kalorienreduzierter Ernährung

In allen „Blue Zones" nimmt man üblicherweise nur zwei Mahlzeiten täglich zu sich – eine natürliche Form des Intervallfastens. Es gibt auch keine Snacks zwischendurch, vielleicht hin und wieder – als echte Besonderheit – ein Stück Obst. Auf ein spätes und üppiges Abendessen wird verzichtet und generell wird kalorienreduzierter gegessen. In Okinawa z. B. gilt die jahrtausendealte Philosophie „Hara Hachi Bu" und das bedeutet, frei übersetzt: „Fülle deinen Magen nur zu 80 Prozent."

Biologische Lebensmittel mit traditioneller Zubereitung

Menschen in den „Blue Zones" ernähren sich traditionellerweise vornehmlich pflanzenbasiert und meiden industriell verarbeitete, fett- und zuckerhaltige Lebensmittel.

In allen „Blue Zones" wird selbst gekocht – und somit „selbst bestimmt": Auf den Tisch kommen frische Lebensmittel in Bio-Qualität mit einem hohen Gehalt an wertvollen Nährsubstanzen und sekundären Pflanzenstoffen und keine (Halb-)Fertiggerichte voller Zusatzstoffe, Haltbarmacher, Salz- und Zuckermengen. Traditionelle Zubereitungspraktiken reduzieren nicht nur die Entstehung von Alterungstreibern im Essen, sondern sind auch mit einer höheren körperlichen Aktivität verbunden.

Viel natürliche Bewegung in freier Natur

Menschen in den „Blue Zones" arbeiten körperlich bis ins hohe Alter: In Bewegung zu bleiben ist weniger eine bewusste Entscheidung als ein integraler Bestandteil des Alltags, stehen doch die tägliche Gartenarbeit, die Beschaffung der Nahrung und andere Tätigkeiten rund um Haus und Hof auf dem Programm. Man geht häufig zu Fuß und macht regelmäßig Spaziergänge in der frischen Luft, manche betreiben auch Yoga und andere moderate Bewegungsarten. Auf exzessive Sportaktivitäten wie die bei uns beliebten Marathonläufe oder Crossfit-Einheiten wird allerdings verzichtet.

Achtsamkeit, Sinn und soziale Beziehungen

Ein ritualisierter und achtsamer Tagesablauf und eine gelebte spirituelle Praxis sind wichtige Bestandteile des Alltags in den „Blue Zones" und gehören ganz selbstverständlich zur Lebenswelt der Menschen. Alte Menschen leben mit ihren Familien, sind von ihren Kindern, Enkeln und Urenkeln umgeben und verbringen viel Zeit in sozialen Beziehungen. Sie achten auf Gemeinschaft, besuchen regelmäßig ihre Nachbarn, schenken einander Zeit und Aufmerksamkeit und unterstützen einander. Es wird gemeinsam gegessen und mit einem Tischgebet oder rituellem Dank für die guten Gaben begonnen. Denn auch Sinn und Spiritualität sind ein Geheimnis der 100-Jährigen in den „Blue Zones".

Die Langlebigkeit-Prinzipien der „Jungbrunnen-Inseln" sind mittlerweile wissenschaftlich gut analysiert – und wir können daraus einige hocheffektive Jungbrunnen-Werkzeuge ableiten.

→ **ONLINE-BUCHBONUS 1**

„Blue Zones"-Nahrung
Erfahren Sie mehr über die Zusammensetzung der überwiegend pflanzenbasierten Nahrung der „Blue Zones" (siehe Seite 158).

JUNGBRUNNEN-WERKZEUGE

Körpereigene Strategien der Verjüngung

Unsere Körperzellen verfügen glücklicherweise über eine ganze Reihe von Möglichkeiten, um sich wieder zu verjüngen – sei es die Ankurbelung der Zellreinigung oder die Aktivierung von Jungbrunnen-Enzymen. Wir haben es selbst in der Hand, wie intensiv diese Jungbrunnen-Werkzeuge zum Einsatz kommen.

Die Erkenntnisse aus der „Blue-Zones"-Forschung zeigen uns, dass gerade Lebensweisen, die lange als rückständig und unmodern galten, für Gesundheit und Langlebigkeit große Vorteile bieten – auch wenn sie oft nur aus Mangel an anderen Optionen entstanden sind. Körperliche Arbeit an der frischen Luft im Rhythmus des natürlichen Lichts empfanden Menschen des 20. Jahrhunderts als ebenso unattraktiv wie eine naturnahe Ernährung mit wenigen Zutaten. Doch genau diese Zutaten boten den Menschen in manchen Regionen die perfekte Kombination aus Mikronährstoffen für ein langes, gesundes Leben.

Die Moderne war geprägt von Denaturierung und es hat sehr lange gedauert, bis die Wissenschaft verstand, dass uns gerade dieser moderne, naturferne Lebensstil mit chronischem Stress und hoch-raffinierten Lebensmitteln schneller alt und krank macht. Bewährte Traditionen und Ernährungsweisen wurden als Zeichen von Armut, Rückständigkeit oder religiöser Naivität gesehen. In den letzten zwanzig Jahren hat die Wissenschaft in dieser Hinsicht sehr viel dazugelernt. Wir verstehen nun die Mechanismen und Hintergründe, warum ein naturnahes Leben, vollwertige Bio-Ernährung, Fasten und Meditation sich so positiv auf unsere Gesundheit auswirken. Als moderne, aufgeklärte Menschen wollen und brauchen wir Erklärungen und Beweise, warum wir gewisse „unbequeme" Lebensentscheidungen zugunsten unserer Gesundheit treffen sollten. Glücklicherweise haben zahlreiche Studien und wissenschaftliche Arbeiten diese Zusammenhänge herausgearbeitet und stellen uns nun ein breites Set an Jungbrunnen-Werkzeugen zur Verfügung.

Autophagie – Zellreinigung durch Fasten, Bewegung und richtige Ernährung

Die Forschungen zur Autophagie haben der Wissenschaft die vielleicht aufsehenerregendste Neuorientierung der letzten Jahre beschert – und wurden 2016 mit dem Medizin-Nobelpreis ausgezeichnet.

> **Zellreinigung kann gut schmecken. Neben Fasten können auch Lebensmittel wie Cheddar oder Pilze die Autophagie verstärken.**

Ausgerechnet Fasten, das lange nur als religiöses Ritual oder pseudowissenschaftlich motivierter Unsinn galt, erwies sich als eine der effektivsten Methoden, um Gesundheit und Langlebigkeit zu fördern. Ein Lebensstil der Fastenphasen in den Alltag integriert, das Intervallfasten, und auch Bewegung sind zweifellos die besten Methoden, um die sogenannte Autophagie, die innere Zellreinigung, so richtig in Gang zu bringen. Aber auch durch die Wahl unserer Nahrungsmittel können wir diesen Reinigungsprozess beschleunigen bzw. hemmen. In den letzten Jahren hat in dieser Hinsicht vor allem der Stoff Spermidin von sich reden gemacht; er ist in der Lage, die Autophagie in den Zellen anzuregen. Spermidin findet sich, wie der Name schon sagt, in höchster Konzentration in der Samenflüssigkeit, allerdings auch in zahlreichen Lebensmitteln wie z. B. in Weizenkeimen oder Kräuterseitlingen (siehe Ernährung-Matrix in der Buchklappe).

Bei anderen Stoffen hat sich herausgestellt, dass sie den Prozess der Autophagie besonders stark drosseln. Vor allem bestimmte Aminosäuren wie Methionin oder Arginin, die wir in sehr hoher Konzentration im Fleisch finden, hemmen die innere Zellreinigung. All diese Aminosäuren sind für den Körper notwendig und hilfreich, in zu hoher Dosis hemmen sie allerdings gewisse heilende und reinigende Prozesse wie eben auch die Autophagie. Dies ist auch ein Argument, das gegen exzessiven Fleischkonsum spricht.

Wie fast immer gibt es auch in diesem Fall ein Zuviel und ein Zuwenig. Wer zu viel fastet, leidet irgendwann an Unterernährung und verhungert, wer zu wenig fastet „verschmutzt" innerlich und das bildet die Basis für Krankheiten und vorschnelle Alterung. Es geht – wie so oft im Leben – um die richtige Balance.

TELOMERE

CHROMOSOME EINER
ERWACHSENEN ZELLE

TELOMERE VERKÜRZEN SICH
DURCH ZELLTEILUNGEN

TELOMERE EINER
SENESZENTEN ZELLE

Telomerase – Wie wir das „Jungbrunnen"-Enzym aktivieren

Im Jahr 2009 erhielten die Molekularbiologen Elizabeth Blackburn, Carol Greider und Jack Szostak den Medizin-Nobelpreis für ihre Forschungen zur Telomerase. Dieses „Jungbrunnen-Enzym" ist in der Lage, unser Erbmaterial zu schützen und so dem Alterungsprozess entgegenzuwirken.

TELOMERASE

Das Jungbrunnen-Enzym Telomerase kann den Alterungs-Countdown der Körperzellen stoppen.

CHROMOSOME EINER UNSTERBLICHEN ZELLE

Den „Countdown des Alterns", der die Telomere bei jeder Zellteilung kürzer werden lässt, haben wir bereits beschrieben. Wie exakt sich die Länge der Telomere auf die unterschiedlichen Alterungssymptome auswirkt, ist noch immer nicht zur Gänze geklärt. Je länger die Telomere sind, desto vitaler und langlebiger ist die Zelle und desto öfter kann sie sich noch teilen – so viel ist sicher.

Gestoppt oder zumindest verlangsamt werden kann der Countdown bis zum Zelltod durch ein bestimmtes Schutz-Enzym, die sogenannte Telomerase. Aktiviert wird diese z. B. durch Fasten oder durch Bewegung, vor allem durch Ausdauersport und Intervalltraining. Und während chronischer Stress die Aktivierung des Jungbrunnen-Enzyms hemmt, ist die Meditation eine der effektivsten Methoden, die Telomere zu schützen. In zahlreichen Studien zeigte sich, dass die Telomerase-Aktivität durch das Meditieren verglichen mit der Kontrollgruppe um bis zu dreißig Prozent erhöht werden konnte.

Zu guter Letzt entscheidet auch unser Essen, ob wir den Telomer-Countdown schneller oder langsamer ablaufen lassen. Ebenso zeigen Studien, wie zuckerhaltige Getränke, Speck und Wurstwaren sowie Rauchen und andere Genussgifte, die Telomere verkürzen. Gesundes Essen, u. a. die sogenannten Polyphenole, die wir vor allem in den Schalen von Obst und Gemüse finden, wirken nicht nur antioxidativ, sondern halten auch die Telomere intakt. Insbesondere die Polyphenole in grünem Tee und Ginkgo schützen die Schutzkappen der Chromosomen ebenso wie das besonders wirksame Polyphenol Resveratrol, das sich u. a. in Traubenschalen findet. Auch die gesunden Omega-3-Fettsäuren (siehe Info-Box „Omega-3" Seite 50) wirken sich positiv auf die Telomere aus. In der Ayurveda-Medizin gilt Ashwagandha als die „Jungbrunnen-Wurzel" wie auch Astragalus membranaceus in der Traditionellen Chinesischen Medizin. Diese beiden Wurzeln aktivieren die Telomerase und setzen so die „Zündschnur des Todes" wieder ein Stück zurück.

Sollen wir uns synthetisch hergestellte Telomerase einfach in den Blutkreislauf spritzen? Nun, Alterung bzw. Verjüngung sind sehr komplexe und oft widersprüchliche Prozesse: Telomerase wird beispielsweise besonders intensiv in Tumorzellen aktiviert, die sich dadurch beliebig oft teilen können – und diese Art der Zellunsterblichkeit ist fatal. Ohne die Intelligenz des Körpers nützt uns also auch die Telomerase nichts. Durch Bewegung, Fasten und ausgewählte Lebensmittel kann der Organismus das Jungbrunnen-Enzym jedoch für die richtigen Zellen zur richtigen Zeit aktivieren.

INFOBOX

Omega-3: das Anti-Aging-Fett

Die inzwischen gut bekannten Omega-3-Fettsäuren gehören zu den essenziellen Fettsäuren. Wir müssen sie mit der Nahrung zu uns nehmen. Die enorme Bedeutung dieser mehrfach ungesättigten Fettsäuren für die körperliche und geistige Gesundheit sowie für das Alterungsverhalten wurde in den letzten Jahrzehnten immer besser erforscht: Sie stärken das Herz-Kreis-

Die wertvollen Omega-3-Fettsäuren, die wir in fettreichem Fisch und bestimmten Pflanzenölen finden, hemmen chronische Entzündungen, schützen unser Erbmaterial und machen uns sogar psychisch stabiler.

lauf-System und das Immunsystem. Sie hemmen chronische Entzündungen und wirken der Verkürzung der „Lebensfäden", der Telomere, entgegen. Außerdem werden sie für die Produktion von Hormonen gebraucht und sie verbessern die Gehirnleistung.

Vor allem die Omega-3-Fettsäure DHA bestimmt entscheidend mit, in welcher Menge der Belohnungsbotenstoff Dopamin im Gehirn vorhanden ist – die Gabe dieser Fettsäure wirkt sich deshalb positiv auf depressive PatientInnen bzw. auf Kinder mit Aufmerksamkeitsdefizit-Syndrom aus.

Die beiden Omega-3-Fettäuren DHA und EPA können wir direkt nur über bestimmte Wasserpflanzen aufnehmen – und über Fische, die diese Pflanzen gefressen haben. Aus diesem Grund ist es wichtig, regelmäßig fettreiche Kaltwasserfische wie Makrele, Hering oder Lachs auf dem Speiseplan zu haben. Grundsätzlich ist unser Körper in der Lage, diese beiden „Meeres-Omega-3-Fettsäuren" auch aus anderen Omega-3-Fettsäuren herzustellen, wie wir sie in Leinöl, Walnussöl, Hanföl und Nüssen finden. Er braucht dazu allerdings gewisse Enzyme und sekundäre Pflanzenstoffe – und diese kommen in den letzten Jahrzehnten in unserer modernen Nahrung immer seltener vor. Die Folge ist ein für die Volksgesundheit verheerender Mangel, vor allem an den beiden Omega-3-Fettsäuren DHA und EPA.

Auch Omega-6-Fettsäuren, einer anderen Gruppe von essenziellen Fettsäuren, wie wir sie in Sonnenblumenöl und vielen Pflanzenölen finden, sind wesentlich für den Körper. Sie bekämpfen Krankheitserreger, indem sie Entzündungen fördern. Omega-3-Fettsäuren dagegen hemmen Entzündungen. Die Balance zwischen den Omega-3- und Omega-6-Fettsäuren ist deshalb für unsere Gesundheit von entscheidender Bedeutung. Im Idealfall beträgt das Verhältnis von Omega-3 zu Omega-6 im Körper 1:2 bis 1:3. Ab einem Verhältnis von 1:5 befinden wir uns in einem immerwährenden „Entzündungsmodus". Menschen, die sich mit der „Western Diet" (siehe Seite 33) ernähren, haben in ihrem Blutbild oft zwanzig- bis dreißigmal mehr Omega-6- als Omega-3-Fettsäuren. Ihr Organismus ist also voll mit „Brandbeschleunigern", die chronische Entzündungen befeuern. Gleichzeitig leiden sie unter einem Mangel am Belohnungsbotenstoff Dopamin, den sie oft mit zuckerhaltigen Lebensmitteln auszugleichen versuchen – was chronische Entzündungen weiter beschleunigt. Ein Teufelskreislauf, der sich nur mit einer drastischen Ernährungsumstellung oder geeigneten Omega-3-Nahrungsergänzungsmitteln lösen lässt (siehe Interview mit Paul Clayton Seite 52).

> → **ONLINE-BUCHBONUS 2**
>
> *Omega-3-Bluttest*
> **Als LeserIn können Sie einen vergünstigten Bluttest zur Bestimmung Ihres Omega-3/Omega-6-Verhältnisses bestellen – sowie ein geeignetes Omega-3-Öl als Nahrungsergänzung (siehe Seite 158).**

INTERVIEW

Interview mit Dr. Paul Clayton
Ernährungsmediziner und wissenschaftlicher Berater der britischen Regierung

Welchen Einfluss hat die Ernährung auf unsere Gesundheit?
Die „Global Burden of Disease Study" der WHO und der Harvard University kommt recht eindeutig zum Schluss, dass schlechte Ernährung heute die Hauptursache für einen vorzeitigen Tod ist. Die berüchtigte „Western Diet" führt zu chronischen Entzündungen und Mangelerscheinungen. Daher hat sich die Zahl an degenerativen Erkrankungen seit dem 19. Jahrhundert verzehnfacht. Chronische Entzündungen zerstören die extrazelluläre Matrix, das Gewebe zwischen den Zellen. Wir „zerfransen" innerlich – wie billiger Stoff. Wenn wir einen Weg finden, dies zu hindern, verlängern wir die Lebensdauer der Gewebe und Organe deutlich.

Was ist der Grund für den starken Anstieg chronischer Entzündungen?
Das ist komplex. Aber zwei wesentliche Faktoren gibt es. Zum Ersten: das schlechte Verhältnis der Omega-6- zu den Omega-3-Fettsäuren in unseren Zellen, das direkt mit dem Verhältnis dieser Fettsäuren in unserer Nahrung zusammenhängt. Der zweite Faktor ist der Mangel an Polyphenolen im Essen. Zu Punkt eins: Das Verhältnis von Omega-6- zu Omega-3-Fettsäuren ist in den letzten hundert Jahren durch die Lebensmittelindustrie völlig außer Kontrolle geraten. Wir haben in Europa ein durchschnittliches Verhältnis von Omega-6- zu Omega-3-Fettsäuren von 15:1, in den USA sogar von 25:1 – also 25-mal mehr Omega-6 als Omega-3. Es sollte aber bei 2:1 liegen.
Das Problem wird nun noch viel gravierender, weil auch die Menge an Polyphenolen in der Ernährung so stark zurückgegangen ist. Wir haben heute etwa neunzig Prozent weniger Polyphenole in der Nahrung als die Menschen im 19. Jahrhundert. Diese beiden Faktoren lassen die Entzündungsprozesse im Körper heiß laufen und dies wird durch die Beschaffenheit der industriellen Nahrung noch weiter verschlechtert. Um die Nahrungsmittel haltbarer zu machen, werden sie sehr hohen Temperaturen ausgesetzt und so enthalten sie viele AGEs, die alles noch verschlimmern. Und ein weiterer Faktor macht das Desaster perfekt: In der modernen Nahrung fehlt es an präbiotischen Ballaststoffen. Das führt zu einem verheerenden Missverhältnis der Darmbakterien, die nun auch noch vermehrt entzündliche Stoffe absondern. Alles zusammen eine absolute Katastrophe.

Wie können wir chronische Entzündungen vermeiden?

Eine Kombination von Omega-3-Fettsäuren und Polyphenolen kann chronische Entzündungen stark reduzieren und sogar verschwinden lassen – höchste Zeit, die Polyphenolaufnahme wieder zu erhöhen. Entweder, indem wir mehr Beerenfrüchte und Kräuter essen, oder indem wir Polyphenol-Nahrungsergänzungsmittel zu uns nehmen. Hochwertige Omega-3-Fettsäuren bekommen wir durch fetthaltigen Fisch wie Makrele, Hering oder Lachs. Man könnte auch die ursprüngliche Omega-3-Quelle essen: Kaltwasseralgen. Fische produzieren Omega-3-Fette ja nicht selbst, sie erhalten sie aus ihrer Nahrung. Immer mehr Firmen gewinnen Omega-3-Öle direkt aus Algen. So können auch Vegetarier und Veganer ihren Bedarf decken.

Wie nehmen wir diese Omega-3-Polyphenol-Kombination am besten zu uns?

Die perfekte Diät wäre meiner Ansicht nach eine Kombination aus Inuit- und Mittelmeer-Diät. Um eine ausreichende Menge an Omega-3-Fettsäuren aufzunehmen, braucht es täglich etwa 250 Gramm fetten Kaltwasser-Meeresfisch und zwei Handvoll Oliven für die fettlöslichen Polyphenole. Das lässt sich in der Praxis nicht so leicht bewerkstelligen. Alternativ kann man diese Kombination auch in entsprechenden Nahrungsergänzungsmitteln zu sich nehmen.

Was sollten wir beim Kauf von Omega-3-Nahrungsergänzungen beachten?

Es ist bekannt, dass Fisch gut für die Gesundheit ist. In Tests hat sich Fischöl allein als wenig effektiv erwiesen, weil es eine schlechte Bioverfügbarkeit aufweist. Warum? Fischöl ist nicht dasselbe wie Fisch – der ganze Fisch enthält auch die Polyphenole der Algen, die er gefressen hat. Diese sind im reinen Fischöl nicht mehr enthalten und so kommen die Omega-3-Fettsäuren nicht in unseren Zellen an. Deshalb gehen immer mehr Firmen dazu über, Fisch- bzw. Algenöl mit polyphenolreichem Olivenöl zu kombinieren, um die notwendige Bioverfügbarkeit zu gewährleisten.

Wie stehen Sie generell zu Nahrungsergänzungsmitteln?

Meine Empfehlung lautet: Selbst gärtnern, selbst kochen. *Schauen Sie, dass Sie Dreck unter den Fingernägeln haben und die Sonne im Rücken* – Bewegung und Kontemplation in der Natur und naturnahe Lebensmittel. Das ist ein großartiger Weg, um gesund zu bleiben. Für Menschen im Berufsleben ist es aber schwierig, diesen Weg zu gehen – Nahrungsergänzungsmittel sind da eine gute Alternative. Wir sollten keine Puristen sein, sondern Pragmatiker. Wären alle Menschen ausreichend mit Omega-3-Fettsäuren und Polyphenolen versorgt, gäbe es um 90 Prozent weniger chronische Entzündungen.

Welche Gesundheits-Empfehlungen können Sie uns sonst noch mitgeben?

Intervallfasten, Bewegung und so viel wie möglich selbst kochen. Verzichten Sie auf verarbeitete Lebensmittel. Als Faustregel gilt: Kaufen Sie nur Lebensmittel mit maximal fünf oder sechs Inhaltsstoffen. Kaufen Sie außerdem Milchprodukte und Fleisch von Kühen aus Weidehaltung. Kochen Sie das Fleisch, anstatt es zu braten oder zu grillen. Die Zubereitungstemperatur steigt dann nicht über 100 °C und es entstehen weniger krebserregende Substanzen. – Und die Klassiker: Trinken Sie keine hochprozentigen Alkoholika, rauchen Sie nicht und reduzieren Sie die Zuckeraufnahme. Wenn alle sich an diese Empfehlungen hielten, wäre ein Großteil der Ärzte arbeitslos und die meisten Krankenhäuser und Pharmaunternehmen müssten schließen.

Die Sirtuine – So mobilisieren Sie die Jungbrunnen-Reparaturtruppe

Fasten, körperliche Bewegung und eine polyphenolreiche Ernährung aktivieren einen weiteren Jungbrunnen-Schutzmechanismus in unserem Körper: die Sirtuine. Diese wunderbaren Enzyme sind in den letzten Jahren immer mehr in den Fokus der Wissenschaft gerückt und spielen mittlerweile eine zentrale Rolle in der Anti-Aging-Medizin.

Sirtuine werden in allen Zellen produziert. Sie sind das Produkt von sieben „Vitalitätsgenen". Diese bilden im Körper eine Art „Überwachungsnetzwerk" und entscheiden, abhängig von Umweltbedingungen und Versorgungslage, wo und wie die schützenden Stoffe eingesetzt werden. Dabei folgen sie einer archaischen evolutionären Logik: In harten Zeiten mit schlechter Versorgungslage wird alle Energie für Selbsterhaltung und

Selbstschutz aufgewendet. Werden die Zeiten besser, heißt es wachsen und sich vermehren. Die Entscheidung heißt also: Selbstschutz oder Fortpflanzung?

Ein Reparaturservice für die Zellen

In zahlreichen Studien konnte gezeigt werden, dass uns Sirtuine, einem Zell-Reparatur-Team gleich, vor Alterskrankheiten wie Diabetes, Herzinfarkt, Osteoporose und sogar Krebs schützen können. Sie reduzieren weißes Fett, unterstützen den Muskelaufbau, bremsen chronische Entzündungen und reparieren das Erbmaterial. 2018 konnte man an der Universität Stanford nachweisen, dass diese Enzyme die menschliche DNA stabilisieren. Sie „säubern" das Epigenom und polieren gleichsam die Kratzer aus unserer Erbmaterial-CD.

Diese zellulären „Jungbrunnen"-Helfer werden allerdings nur bei biologischem Stress aktiviert. Insbesondere das Fasten triggert dieses Reparatur- und Wartungsprogramm, aber auch körperliche Anstrengung, Hitze und Kälte. Ein Saunabesuch und der anschließende Sprung ins kalte Wasser sind gerade aus diesem Grund ein echter Jungbrunnen. Die Aktivierung der Sirtuine ist aber stets eine Gratwanderung zwischen zu viel und zu wenig körperlichem Stress. Natürlich kann man zu viel fasten, sich überanstrengen und erfrieren. In der richtigen Dosierung sind viele dieser körperlichen Stressfaktoren allerdings der goldene Weg, um unsere Zellen zu verjüngen. Und die gute Nachricht lautet: Sirtuin-Aktivierung kann auch richtig gut schmecken: Lycopin, das Tomaten und Hagebutten vor Oxidationsschäden schützt, oder Resveratrol, das Trauben vor Schimmelpilzen bewahrt, führen in unserem Körper zu kleinen Stressreaktionen und rufen so ebenfalls die Sirtuine auf den Plan. Resveratrol ist der bekannteste „Aktivator" – und der wahrscheinlich wichtigste Grund, warum Rotwein als gesund gilt. Die Pflanzenwelt bietet generell eine überbordende Palette an Sirtuin-aktivierenden Polyphenolen. Praktisch jede Pflanze verfügt – in höchster Konzentration oft in der Schale – über diese Stoffe, um sich gegen Fressfeinde und Umweltstress zu schützen: Heidelbeeren z. B. die Anthocyane oder die Chilipflanze das Capsaicin. Wenn wir diese Pflanzen essen, werden auch wir – indirekt – geschützt.

Wie bei uns Menschen führt Umweltstress zu größerer Widerstandsfähigkeit und damit zu mehr Polyphenolen in der Pflanze. Daher enthalten Wildfrüchte meist um ein Vielfaches mehr von diesen heilsamen Pflanzenstoffen als Kulturfrüchte. Auch deshalb sind Pflanzen aus Biolandbau gesünder als Pflanzen aus konventioneller Produktion. Sie durchleben mehr „Stress" und bilden dadurch mehr Polyphenole. Viele dieser gesunden Pflanzenstoffe dienen übrigens auch als Farbstoffe. Das bedeutet: Je bunter die Obst- und Gemüseauswahl, die auf unserem Teller landet, desto besser wird unser Zellschutzprogramm mobilisiert. Und woraus werden Sirtuine produziert? In der Aktivierungskaskade hat sich in Experimenten ein Stoff als sehr wesentlich herauskristallisiert: Nikotinamidmononukleotid (NMN). Wir finden es in Pflanzen wie Avocados, Kohl oder auch Brokkoli, der nicht umsonst als besonders gesund gilt. Die Polyphenole und andere sekundäre Pflanzenstoffe, die die Sirtuin-Aktivierung triggern, können wir mit einem Gaspedal vergleichen und das NMN ist der Treibstoff – wir brauchen beides, um möglichst schnell und effektiv zu unserem Jungbrunnen zu kommen.

Blutzucker senken, Glykation und chronische Entzündungen reduzieren

Wir haben bereits erfahren, wie Zucker den Prozess der Glykation im Körper ankurbelt und die dabei entstehenden Stoffe, die AGEs, den Alterungsprozess beschleunigen. Im Allgemeinen befeuern jene Lebensmittel die Glykation sowie die chronischen Entzündungsprozesse am stärksten, die den Blutzucker am meisten erhöhen – neben Süßigkeiten z. B. auch Produkte aus weißem Mehl.

Wie unmittelbar sich ein hoher Blutzuckerspiegel auf altersbedingte Erkrankungen auswirkt, zeigen Untersuchungen mit dem blutzuckersenkenden Medikament Metformin, das seit Jahrzehnten gegen Diabetes eingesetzt wird. In Vergleichsstudien mit zehntausenden Teilnehmern stellte sich heraus, dass Menschen, die langfristig Metformin einnahmen, im Alter insgesamt gesünder waren. Der niedrigere Blutzuckerspiegel senkte die Häufigkeit von Demenz, Herz-Kreislauf-Erkrankungen, Krebs, Gebrechlichkeit, Depression und chronischen Entzündungen. Wer jetzt damit spekuliert, sich Metformin vorsorglich verschreiben zu lassen, dem sei gesagt: Es kann wie alle Medikamente Nebenwirkungen haben. Der Wirkstoff des Medikaments ist jedoch auch natürlich verfügbar: in der Geißraute, die schon seit dem Mittelalter als blutzuckersenkender Heiltee verwendet wird. Die Pflanzenwelt bietet darüber hinaus viele weitere Kräuter und wohlschmeckende Gewürze, die uns hier unterstützen können: Zimt, Knoblauch, Oregano, Kurkuma, Ingwer oder Gewürznelken. Nicht nur durch Fasten, auch durch die richtigen Lebensmittel können wir also den Blutzuckerspiegel senken und so die Entstehung von AGEs reduzieren.

> **Ein niedriger Blutzuckerspiegel reduziert die Gefahr zahlreicher Erkrankungen von Alzheimer bis Krebs.**

Geißraute – das stärkste blutzuckersenkende Kraut

Ingwer – wirkt nicht nur antioxidativ, sondern auch glykationshemmend

Zimt – ein Blutzuckersenker, der die Fettverbrennung ankurbelt

Kurkuma – die orange Wunderknolle senkt auch den Blutzucker

AGEs bilden sich nicht nur in unserem Körper, wir nehmen sie auch mit der Nahrung auf. Durch Auswahl und Zubereitungsart unserer Lebensmittel haben wir es in der Hand, diese Belastung zu senken. Die sicherste Methode, die Menge der aufgenommenen „Altmacher" zu reduzieren, ist „Clean Eating": die Verwendung unverarbeiteter und frischer Lebensmittel in der eigenen Küche.

Wir können mit der Nahrung auch Stoffe zu uns nehmen, die AGEs neutralisieren bzw. ihre glykationshemmende Wirkung im Körper entfalten. Pflanzliche Polyphenole gehören dazu. Auch in tierischer Nahrung, vor allem in Fleisch, finden wir Stoffe mit dieser Wirkung: L-Carnitin, Alpha-Liponsäure und Carnosin. Insbesondere Carnosin hat sich in zahlreichen Studien als wahre Anti-Aging-Substanz erwiesen. Ein höherer Carnosin-Spiegel wirkt sich positiv auf das Nervensystem aus und verbessert das Hautbild, u. a. durch den glykationshemmenden Effekt. Im Labor konnte die Lebenszeit von Körperzellen, die in einer mit Carnosin getränkten Nährlösung schwammen, auf 430 Tage erhöht werden, während die Kontrollgruppe ohne Carnosin nur 130 Tage lebte. Carnosin ist eine in den Muskeln und Organen vorkommende natürliche Substanz, die bei älteren Menschen stark reduziert ist: Zwischen dem zehnten und dem siebzigsten Lebensjahr sinkt der Carnosinspiegel um über sechzig Prozent. Viele Altersforscher sehen darin einen Grund für die physiologischen Alterungserscheinungen. Da sich Carnosin vor allem in Muskelfleisch und Innereien befindet, empfiehlt es sich für Vegetarier und Veganer, Carnosin als Nahrungsergänzungsmittel zu sich zu nehmen, das auch durch die Fermentation von pflanzlichen Produkten hergestellt werden kann.

Natürliche Senolytika – So befreien Sie sich von „Zombie"-Zellen

Seneszente „Zombie"-Zellen können sich nicht mehr teilen und sind dem Körper auch in keiner Weise dienlich. Sie leben aber unter dem Radar des Immunsystems und können so weiterhin ihre entzündlichen Botenstoffe ausschicken, die das ganze Spektrum der Alterskrankheiten fördern. Versuche mit Mäusen haben gezeigt, dass sich durch die Entfernung der seneszenten Zellen aus dem Gewebe die Lebenserwartung um ein Viertel erhöhen ließ.

Kapern – zählen zu den quercetinreichsten Lebensmitteln

Zwiebeln – helfen ebenfalls bei der Entfernung der seneszenten Zellen

Wie gut, dass die Natur einige in dieser Hinsicht sehr effektive Substanzen in unsere Lebensmittel verpackt hat: Sogenannte Senolytika helfen, die Flut an „Zombie"-Zellen einzudämmen, indem sie deren Tod und Abtransport selektiv herbeiführen. Wir finden auch diese Jungbrunnen-Helfer in der Gruppe der Polyphenole: Piperlongumin im Langen Pfeffer, Fisetin in Äpfeln, Kakis, Trauben, Gurken, Erdbeeren und Zwiebeln sowie Quercetin, das wir mit vielen Obst- und Gemüsesorten vom Apfel bis zum Schnittlauch aufnehmen können. Die höchste Quercetin-Konzentration haben Kapern und Liebstöckel. Auch hier gilt, dass Pflanzen aus Wildsammlung und Bio-Landbau höhere Konzentrationen dieser wertvollen Polyphenole enthalten. Eine Vergleichsstudie der University of California ergab, dass Tomaten aus biologischem Anbau einen um 79 Prozent höheren Anteil an Quercetin aufweisen als solche aus konventioneller Landwirtschaft. Bio-Tomaten sind eindeutig die besseren „Zombie-Killer".

Liebstöckel – gehört zu den „Zombie"-Killer-Kräutern

Anti-Aging mit den Mitteln der Natur

Gerontologen wie David Sinclair von der Harvard Medical School oder die Forscher des Google Start-ups Calico versprechen, uns in Zukunft von der „Krankheit des Alterns" heilen zu können. Alle zehn bis zwanzig Jahre sind wir dann vielleicht in der Lage, uns gegen die aufkommenden Alterserscheinungen impfen zu lassen und beliebig alt zu werden – in einem immer jungen Körper. Mit den ethischen, sozialen und gesellschaftlichen Folgen einer solchen Entwicklung brauchen wir uns vorerst nicht zu beschäftigen, denn bei all diesen Visionen handelt es sich um Zukunftsmusik: Niemand weiß, wann eine solche Therapie gegen das Altern Realität werden könnte.

Doch wie wir gesehen haben, gibt es schon jetzt zahlreiche Möglichkeiten, unseren Körper so lange wie möglich gesund und jung zu erhalten. Für David Sinclair ist die Nummer eins der Anti-Aging-Techniken, die wir bereits jetzt praktizieren können, das (Intervall-)Fasten. Er selbst hat sich für das tägliche Auslassen des Frühstücks entschieden (siehe Buchbonus „Frühstücken oder nicht"). Fasten zeigt idealtypisch: Anti-Aging im Rhythmus der Natur ist eine Gratwanderung. Wir setzen den Körper unter biologischen Stress und animieren ihn so, Autophagie, Sirtuine und all die anderen Zellreparatur-, Heilungs- und Reinigungsmechanismen zu aktivieren. Fasten wir allerdings zu viel, kommen wir in den Bereich der Mangel- und Unterernährung – schlimmstenfalls verhungern wir. Entscheidend ist auch, dass wir uns durch den biologischen Stress nicht in mentale Stresszustände treiben lassen. Mentaler Stress zählt – aufgrund des erhöhten Cortisolspiegels – zu den gravierendsten „Beschleunigern" der Alterung.

Wir empfehlen für unseren „Jungbrunnen"-Lebensstil deshalb immer, Intervallfasten in Kombination mit Meditations- und

Mentaltechniken zu praktizieren. Auch bestimmte Teekräuter wie die Ashwagandha-Wurzel beruhigen die Psyche, senken den Cortisolspiegel und haben einen appetitzügelnden Effekt. Meditation und Achtsamkeit entfalten den Jungbrunnen-Effekt darüber hinaus nicht nur auf psychischer, sondern auch auf körperlicher Ebene.

Auch auf das Timing und die Intensität kommt es an: Sportler wissen, dass es für den Muskelaufbau entscheidend ist, an die Grenzen der Belastbarkeit zu gehen, aber nicht weiter und – wichtig – der trainierten Muskelgruppe am nächsten Tag eine Pause zu gönnen. Ausdauer- und Intervallsport eignen sich übrigens für den Anti-Aging Effekt am besten – idealerweise in der Natur und bei kühlen Temperaturen. Bei vielen Völkern ist die Abhärtung durch Kälte als gesundheitsfördernd bekannt. Wie immer gilt: Bis an die eigene Grenze gehen, aber nicht weiter und dann unbedingt genügend Zeit zum Regenerieren einplanen. Die besten Effekte erreichen wir im Wechsel von Spannung und Entspannung: Fasten und Essen, Wärme und Kälte, Tag und Nacht. Rhythmus ist das ganze Leben.

Der Weisheit der Natur dürfen wir auch in Bezug auf unsere Nahrung vertrauen. Wir brauchen uns nicht die ganzen komplizierten Namen der unterschiedlichen Stoffe und Stoffgruppen zu merken, die die Jungbrunnen-Werkzeuge in unserem Körper aktivieren. Naturbelassene, vollwertige Lebensmittel liefern die perfekte Kombination aus Nährstoffen und sekundären Pflanzenstoffen, um den Körper zu nähren und zu heilen. Natürlich spielen auch Auswahl und Zubereitung eine Rolle. Entscheidend ist, dass wir uns bestmöglich von den „Altersgiften", die uns die Lebensmittelindustrie ins Essen mischt, befreien. Verwenden Sie pure, reine Zutaten aus biologischem Landbau. Kochen Sie selbst – und frisch. Als Faustregel gilt: Kaufen Sie nur Lebensmittel mit maximal fünf oder sechs Inhaltsstoffen. Dann fehlen mit ziemlicher Sicherheit all die schädigenden Zusatzstoffe der Lebensmittelindustrie und Sie kommen der traditionellen Nahrungsaufnahme, die auch die „Blue Zones" auszeichnet, wahrscheinlich sehr nahe. Wenn die „Jungbrunnen-Küche" immer mehr ein Teil Ihres Lebens wird, dürfen Sie auch hin und wieder „sündigen" und Ihren Körper mit all den AGEs und Oxidantien der Western Diet konfrontieren. Denn: Abhärtung hält jung.

> **→ ONLINE-BUCHBONUS 3**
>
> *Frühstücken oder nicht?*
> *Ist das Frühstück die wichtigste Mahlzeit des Tages? Darf es beim Intervallfasten zugunsten des Abendessens ausgelassen werden? Wann kann dies sinnvoll sein und wann nicht?*
>
> *Erfahren Sie mehr über die wichtigsten Pro- und Contra-Argumente und finden Sie unterschiedliche Ergebnisse und Expertenmeinungen aus der Langlebigkeitsforschung mit Beispielen von Völkern, die ohne Frühstück ein besonders hohes Alter erreichen (siehe Seite 158).*

INFOBOX

Das Hormesis-Prinzip: Warum uns maßvolles „Sündigen" gesünder macht

Der berühmte Schweizer Arzt und Naturphilosoph Paracelsus formulierte das Prinzip der Hormesis (griech: Anstoß, Anregung) schon vor rund 500 Jahren. Seine These besagt, dass geringe Mengen giftiger Substanzen

positiv auf den Organismus wirken. Auch wenn diese Ansicht lange umstritten war, liefert die Molekularbiologie immer mehr Belege für ihre Richtigkeit: Zellen lernen ein Gift kennen und entwickeln Abwehrmechanismen – sie werden gleichsam „trainiert". Eine Forschergruppe um den deutschen Internisten und Altersforscher Michael Ristow hat herausgefunden, dass sich die gefürchteten freien Radikale, einer Impfung gleich, positiv auf die Langlebigkeit auswirken können – was auch die Wirkung von körperlicher Bewegung erklärt. Denn Sport ist nicht per se gesund. Durch die starke Bewegung werden Muskeln und Sehnen verletzt und es entstehen vermehrt freie Radikale in den Zellen.

Ganz im Sinne von Paracelsus wirken sich Gift und biologischer Stress im richtigen Rhythmus und in der richtigen Menge positiv auf den Gesamtorganismus aus. Wichtig ist allerdings, dass man Ruhepausen einlegt – so wie wir es auch vom Körpertraining kennen. Durch die „Western Diet" sind wir jedoch mit einem permanenten Übermaß an Giften in unserer Ernährung konfrontiert und leiden an „chronischer Vergiftung". Sobald wir aber auf „Alterungsgifte" wie Geschmacksverstärker, Aromastoffe und all die anderen irreführenden Impulse des industriellen Fooddesigns verzichten, ist unser Geschmack auch wieder ein wunderbarer Ratgeber dafür, was uns guttut und was nicht. Reduzieren wir die tägliche Dosis des Suchtstoffes Zucker, genügen uns auch wieder kleinere Mengen, um Befriedigung zu erfahren. Das richtige Maß zu finden, gilt gerade auch bei Glykationsprodukten, den AGEs.

Auf den Rhythmus, auf die Qualität und auf die Menge kommt es an. Wenn wir unserem Organismus immer wieder Pausen gönnen, wirken nicht nur Sport, Fasten und Kälte lebensverlängernd, sondern auch manche „Genussgifte" unserer Ernährung. Solange die Jungbrunnen-Küche die Regel bleibt, dürfen wir uns auch mit gutem Gewissen an den Ausnahmen, an Pommes, Wein und Süßigkeiten, erfreuen – denn genussvolle Sünden können nicht nur die Psyche, sondern auch den Körper stärken.

JUNGBRUNNEN-NAHRUNG

Gesunde Schätze aus der Speisekammer der Natur

Sie liefern uns Energie, Geschmack – und sogar Jugend: In diesem Kapitel zeigen wir Ihnen, welche Jungbrunnen-Schätze in natürlichen Nahrungsmitteln stecken und wie man die funkelndsten Juwelen unter ihnen am besten für sich nutzt.

Jungbrunnen-Lebensmittel

Hochwertige, naturbelassene Lebensmittel sind die Basis der Jungbrunnen-Küche. Vollwertig und ohne industrielle Verarbeitung besitzen sie eine ganzheitliche Wirkkraft, welche die Wissenschaft noch immer nicht zur Gänze erklären kann – auch wenn sie über einzelne Inhaltsstoffe schon viel weiß.

Alles Genießbare, das die Erde zu bieten hat – Früchte, Gemüse, Hülsenfrüchte, Pilze, Kräuter, Getreide, Fisch und Fleisch – schmeckt „aus sich heraus" gut: Eine abwechslungsreiche Naturküche braucht keine Zusatzstoffe außer natürliche Kräuter und vielleicht eine Prise Salz.

PFLANZLICHE LEBENSMITTEL

Pflanzen verfügen, wie jedes natürliche Nahrungsmittel, über einen einzigartigen Nährstoffmix. Neben den Makronährstoffen Fett, Eiweiß und Kohlenhydrate finden wir

zahlreiche Mikronährstoffe wie Vitamine, Mineralstoffe, Spurenelemente und sekundäre Pflanzenstoffe. Letztere wurden bis vor Kurzem wenig beachtet und ihre Bedeutung für unsere Gesundheit massiv unterschätzt – dabei geht gerade von dieser Nährstoffgruppe bzw. der Untergruppe der Polyphenole die stärkste Anti-Aging-Wirkung aus. Lenken wir unser Augenmerk also ganz besonders auch auf diese Stoffe.

Äpfel – der wahre Jungbrunnen

Der bekannte Spruch „One apple a day keeps the doctor away" hat absolut Berechtigung. Es sind die zahlreichen sekundären Pflanzenstoffe, die den Apfel so wertvoll machen. Die beliebte Frucht schenkt uns reichlich Pektin, das Giftstoffe im Darm bindet und den Blutzuckerspiegel stabilisiert. Der Apfel ist auch eine wunderbare Spermidinquelle und vor allem in den Randschichten und in der Schale steckt das Quercetin, das „Zombie"-Zellen im Gewebe gezielt ausschaltet. Greifen Sie zu alten Bio-Apfelsorten, sie liefern die meisten Jungbrunnen-Stoffe.

Beeren – bunte Polyphenolbomben

Beeren gehören zu den gesündesten Obstsorten – vor allem, weil sie eine Vielzahl an sekundären Pflanzenstoffen enthalten, die antioxidativ, entzündungshemmend, antiviral und blutdruckregulierend wirken. In Himbeeren, Erdbeeren, Brombeeren, schwarzen Johannisbeeren, Heidelbeeren und in hohem Ausmaß in Aroniabeeren und Holunderbeeren stecken die blau-violetten Anthocyan-Farbstoffe, die für die zellschützende Wirkung verantwortlich gemacht werden.

Wenn Sie Ihren Schlaf verbessern möchten – auch Schlaf ist ein Jungbrunnen –, greifen Sie zu melatoninreichen Gojibeeren. Ihr gelb-oranger Farbstoff schützt darüber hinaus die Augen-Netzhaut vor Makuladegeneration. Knabbern Sie dazu ein paar Nüsse, durch die Kombination mit fettreichen Lebensmitteln wie Nüssen, aber auch Käse oder Joghurt, wird der Wirkstoff besser aufgenommen. Auch Kiwis gelten als schlaf- und verdauungsfördernd sowie positiv für das Immunsystem.

Zitrusfrüchte – saure DNA-Schützer

Das Innenleben von Zitrusfrüchten liefert bekanntermaßen Vitamin C – ihre Schalen sind aber noch gesünder: So können die darin enthaltenen Polyphenole durch Aktivierung der Sirtuine auch unser Erbmaterial reparieren.

INFOBOX

Sekundäre Pflanzenstoffe

Mehr als 100.000 (!) sekundäre Pflanzenstoffe – Abwehrstoffe gegen Schädlinge und Krankheiten, Farb-, Aroma- und Duftstoffe – werden von Pflanzen gebildet. Sie halten uns jung, gesund und schlank, schützen unsere Zellen und stärken unser Immunsystem.

Vor allem den Polyphenolen werden viele gesunde Eigenschaften zugeschrieben: Sie aktivieren die verjüngenden Sirtuine, helfen beim Abnehmen, indem sie die Fettspeicherung verringern, wirken antioxidativ, entzündungshemmend, blutdruckregulierend, schützen gegen Viren, Bakterien und Krebs, stärken die Nerven und das Immunsystem. Zu den Polyphenolen zählen unter anderem Geschmacks- und pflanzliche Farbstoffe. Das gelbliche Quercetin etwa befreit den Organismus von seneszenten „Zombie"-Zellen, die blau-violetten Anthocyane wirken antioxidativ, entzündungshemmend und verringern das Krebsrisiko. Eine verjüngende Wirkung hat auch der u. a. in Trauben vorkommende natürliche Pflanzenschutz Resveratrol: Er ist stark sirtuinaktivierend.

Schon zwei Stunden nach dem Verzehr von Zitrusfrüchten soll die DNA erheblich resistenter gegenüber Beschädigungen sein. Entscheidend ist, dass Sie ungespritzte und unbehandelte Früchte verwenden.

→ **Jungbrunnen-Tipp:**
Genießen Sie so oft wie möglich „Zitrusfruchtiges": Reiben Sie die Schalen von Bio-Zitronen ab, pürieren Sie die geschälten und entkernten Spalten (weiße Teile unbedingt mitverwenden) und verspeisen Sie beides in bzw. mit Ihren Mahlzeiten. Oft bleiben die wertvollsten Stoffe der Zitrusfrüchte in der Saftpresse. Nutzen Sie die Jungbrunnenkraft der ganzen Frucht.

Speisepilze – spermidinhaltige Darmschmeichler

Pilze bringen dem Körper eine ganze Menge Jungbrunnen-Nährstoffe: Austernpilze, Kräuterseitlinge, Champignons, Shiitake, Steinpilze, Pfifferlinge (Eierschwammerl) und viele andere Speisepilze wirken entzündungshemmend, verbessern die Darmflora und kurbeln das Immunsystem an. Das autophagiefördernde Spermidin finden wir überaus reichlich in Pilzen. Die enthaltenen Beta-Glucane gelten als wertvolle Ballaststoffe mit präbiotischer Wirkung (siehe Infobox „Die beste Nahrung für die Darmflora" Seite 92) und sorgen für eine gesunde Bakterienvielfalt im Darm. Vor allem Austernpilze enthalten Aminosäuren, die unsere DNA in den Mitochondrien, den Zellkraftwerken, schützt. Achtung: Auch manche Speisepilze können im Rohzustand giftige Stoffe enthalten!

Hülsenfrüchte – vielseitige Helfer

Hülsenfrüchte, wie Bohnen, Linsen, Sojabohnen, Kichererbsen und Erbsen, liefern sekundäre Pflanzenstoffe, z. B. Flavonoide und Spermidin, die überaus positive Wirkungen auf unsere Gesundheit haben. Durch ihren Gehalt an unverdaulichen Kohlenhydraten lassen Hülsenfrüchte den Blutzucker nur langsam ansteigen, machen lange satt und schützen vor schädlichen AGEs. Unsere Darmbakterien verwandeln die wertvollen Ballaststoffe in gesundheitsfördernde kurzkettige Fettsäuren und schützen damit unseren Darm. Hülsenfrüchte und daraus gewonnene Produkte, wie Tofu, Tempeh oder Hummus, sind zudem eine wunderbare Eiweißquelle. Als besonders wertvoll erweist sich Tempeh, der aus ganzen fermentierten Sojabohnen gepresst wird (siehe Seite 93).

Kreuzblütlergemüse – die Jungbrunnen-Superhelden

Kreuzblütlergemüse, wie Brokkoli, Blumenkohl, Grün-, Weiß- und Rotkohl, Kohlsprossen, Pak Choi, Kohlrabi, Radieschen, Rucola, Brunnenkresse oder Senfsamen, enthalten Polyphenole, Spermidin und Sulforaphan (siehe Infobox). Brokkoli ist zudem eine wichtige

---

INFOBOX

So aktivieren Sie Brokkoli & Co für einen optimalen DNA-Schutz

Eine besondere Erwähnung verdient der scharf schmeckende sekundäre Pflanzenstoff Sulforaphan – er schützt Pflanzen, insbesondere Kreuzblütlergewächse, vor Fressfeinden. Bei uns Menschen kann er u. a. DNA-Schäden und dem Metastasenwachstum bei Krebs vorbeugen. Damit er uns nach der Nahrungsaufnahme auch zur Verfügung steht, müssen wir entweder sehr gut kauen oder die Zellen der Pflanze anderweitig „knacken":

→ **Jungbrunnen-Tipp:**
- *Schneiden oder hacken Sie Kreuzblütlergemüse sehr klein und geben Sie dem Sulforaphan vor dem Kochen 30 Minuten Zeit, sich zu entfalten.*
- *Ergänzen Sie Ihr Mahl des Öfteren um frische Radieschen, frisch geriebenen Meerettich (Kren) oder frisch geschnittenes Kraut.*
- *Bestreuen Sie fertige Speisen mit etwas Senfpulver.*

Quelle des Sirtuin-Grundstoffes NMN (Nicotinmononucleotid), der seit einigen Jahren als Anti-Aging-Substanz Furore macht.

Blattgemüse – grünes Superfood

Das Besondere an grünem Blattgemüse wie Rucola, Spinat, Mangold, Feldsalat (Vogerlsalat) und grünem Salat ist das darin enthaltene Chlorophyll. Es besitzt eine ähnliche chemische Struktur wie unser eigener Blutfarbstoff, das Hämoglobin, und wirkt blutbildend – weiters hilft es bei der Entgiftung und schützt vor DNA-Schäden. Blattgemüse enthält zudem viele andere gesunde und sirtuinaktivierende Farbstoffe, wie die rötlichen und gelblichen Carotinoide. Diese fettlöslichen Nährstoffe können aber erst mit fettreichen Nahrungsmitteln wie Olivenöl, Nüssen oder Avocados im Darm aufgenommen werden.

→ **Jungbrunnen-Tipp:**

Gemüse gegen Falten: Gemüsesorten, die Carotinoide enthalten, wirken hautschützend und reduzieren die Faltenbildung. Wir finden diese roten, gelben und orangen Farbstoffe nicht nur in Karotten, Tomaten, Süßkartoffeln oder Kürbissen, sondern interessanterweise auch im grünen Blattgemüse.

Rote Bete – leistungssteigernde Wunderknolle

In Roten Beten (Roten Rüben) stecken Anthocyane – also Farbstoffe, die nicht nur sirtuinaktivierend wirken, sondern auch das Risiko, an Krebs zu erkranken, vermindern.

Darüber hinaus enthalten die Knollen das Herz und Kreislauf unterstützende Betain; ihr hoher Nitratgehalt fördert die Durchblutung und wirkt blutdrucksenkend. Rote Beten begünstigen die Bildung unserer Zellkraftwerke, die wiederum vermehrt Fett verbrennen, den Fettstoffwechsel optimieren und das Abnehmen erleichtern. Für Sportler sind sie ein ideales Gemüse – sie machen leistungsfähiger und fördern die Regeneration.

wirken antioxidativ, antibiotisch, blutdruck- und cholesterinsenkend sowie sirtuinaktivierend. Darüber hinaus verfügen sie über senolytisch wirkende Polyphenole wie Quercetin und Allicin, die den Körper von seneszenten „Zombie"-Zellen befreien.

→ **Jungbrunnen-Tipp:**
Um den gewünschten Effekt zu potenzieren, sollten Sie Speisen mit gekochten Zwiebeln und gekochtem Knoblauch zum Schluss zusätzlich mit einer geschnittenen Zwiebel und mit etwas rohem gepresstem Knoblauch abrunden. So nehmen Sie ein Maximum an Jungbrunnen-Aktivstoffen zu sich.

Süßkartoffel – das Superfood der 100-Jährigen

Obwohl die Süßkartoffel mehr Stärke und Zucker enthält als die „normale" Kartoffel, lässt der in ihrer Schale steckende sekundäre Pflanzenstoff Caiapo den Blutzucker viel langsamer ansteigen. Essen Sie Süßkartoffeln also immer mit der Schale! Übrigens: Je intensiver die Knolle gefärbt ist, desto gesünder ist sie. In der „Blue Zone" Okinawa werden vor allem violette Süßkartoffeln gegessen. Sie enthalten die bläulichen Anthocyane und verfügen über deutlich mehr antioxidative Effekte als herkömmliche Kartoffeln.

Zwiebel und Knoblauch gegen „Zombie"-Zellen

Seit Tausenden von Jahren sind Zwiebel und Knoblauch bewährte Naturheilmittel. Sie

> **INFOBOX**
>
> **So aktivieren Sie Knoblauch und Zwiebel gegen „Zombies"**
>
> Ähnlich wie das gesunde Sulforaphan bei den Kreuzblütlern wird der „Zombie-Zellen-Killer" Allicin erst durch das Zerkleinern aktiviert. Zwiebeln lässt man deshalb nach dem Schneiden immer fünf Minuten „ruhen und reagieren" und brät sie erst dann bzw. gibt sie erst dann einer Speise bei. Knoblauch wird im Idealfall roh verwendet, denn durch das Kochen können wertvolle Inhaltsstoffe zerstört werden.

→ **Jungbrunnen-Tipp:**
Die Inhaltsstoffe von Zwiebel und Knoblauch schützen unsere Körperzellen und gelten als

hilfreich in der Krebsprävention: Allicin kann Tumorzellen zerstören, ohne dabei andere Zellen zu schädigen. Die gemeinsame Zubereitung von Fleisch und Zwiebeln bzw. Knoblauch reduziert darüber hinaus die Entstehung karzinogener Stoffe, die beim Erhitzen verschiedener Lebensmittel entstehen können.

Leinsamen und Chia – Omega-3-reiche Supersamen

Die kleinen Samen des Leins und der Chiapflanze liefern wertvolle Ballaststoffe, Omega-3-Fettsäuren und sekundäre Pflanzenstoffe. Damit der Leinsamen seine Wirkung entfalten kann, ist es allerdings wichtig, ihn zu schroten, zu mahlen oder sehr lange und gut zu kauen. Zerkleinern Sie ihn am besten erst kurz bevor sie ihn verwenden – die Omega-3-Fettsäuren oxidieren nämlich schnell und können so zerstört werden. Da der Leinsamen auch geringe Mengen an Blausäure enthält, wird empfohlen, nicht mehr als 20 Gramm pro Tag (etwa zwei Esslöffel) zu essen. Tipp für Veganer: Ein Esslöffel gemahlener Leinsamen, mit drei Esslöffeln Wasser vermischt, kann beim Kochen und Backen für Bindekraft sorgen und ein Ei ersetzen.

Vorsicht bei der Verwendung von Leinsamenöl: Es darf nicht erhitzt werden, da dies die gesunden Omega-3-Fettsäuren zerstört und in schädliche Transfettsäuren verwandelt. Dieser Effekt kann sich auch bei zu langer Lagerung einstellen (zur Lagerung von Omega-3-Fettsäure-reichen Ölen siehe Seite 90).

Chiasamen dürfen Sie übrigens „im Ganzen" genießen, sie müssen nicht weiter zerkleinert werden. Mehr als 15 Gramm davon sollten Sie pro Tag jedoch nicht verzehren.

Nüsse und Samen – gesunde Schlankmacher

Vor allem Walnüsse enthalten reichlich Polyphenole und Omega-3-Fettsäuren. Aber auch Mandeln, Haselnüsse, Pinien- und Cashewkerne, Macadamia- und Pecannüsse sowie Hanfsamen, Sesam, Kürbiskerne und Sonnenblumenkerne liefern gesunde Fette, Proteine und Ballaststoffe.

→ **Jungbrunnen-Tipp:**
Nüsse helfen beim Abnehmen. Studien zeigen ein interessantes Ergebnis: Ein bis zwei Handvoll Nüsse täglich führen bei Menschen mit Übergewicht tendenziell zur Gewichtsabnahme. Sie zügeln nämlich den Appetit, regen den Stoffwechsel an und führen zu einer erhöhten Fettverbrennung.

KRÄUTER UND GEWÜRZE – POLYPHENOLREICHE WUNDERPFLANZEN

Kräuter und Gewürze haben den höchsten Polyphenolgehalt aller Lebensmittel. Grundsätzlich gilt: Je intensiver die Farben und Aromen der Kräuter und Gewürze, desto mehr heilsame Wirkstoffe stecken in ihnen – denken Sie z. B. an den scharfen Geschmack der Kapuzinerkresse oder an den intensiv gelben Farbstoff der Kurkuma.

Gewürze wie Zimt, Nelken, Ingwer und Oregano senken den Blutzuckerspiegel, optimieren den Zuckerstoffwechsel und reduzieren die Entstehung von AGEs. Schon mit einem Teelöffel getrocknetem Oregano können Sie die zellschützende und sirtuinaktivierende Wirkung eines Gerichtes enorm erhöhen.

Kurkuma – die gelbe Zellschützerin

Die Kurkuma hat in den letzten Jahren den Ruf eines Super-Gewürzes erhalten. Sie wirkt entzündungshemmend, verbessert den Blutzuckerspiegel und die Blutfette, unterstützt die Entgiftung, hilft bei Reizdarm, beugt Alzheimer vor und hebt die Stimmung. Verantwortlich dafür ist vor allem der Inhaltsstoff Curcumin, der als Polyphenol zudem eine antioxidative und sirtuinaktivierende Wirkung hat.

→ **Jungbrunnen-Tipp:**
Mischt man täglich ¼ Teelöffel Kurkumapulver oder ½ cm frische Kurkuma in seine Speisen, lässt sich die Anzahl der Zellen mit DNA-Schäden deutlich reduzieren. Curcumin ist allerdings schlecht wasserlöslich – fügen Sie daher immer etwas Fett, Öl oder Kokosmilch

hinzu. Und setzen Sie zusätzlich auf ¼ Teelöffel Pfeffer: Da dessen sekundäre Pflanzenstoffe die Curcumin-Aufnahme verstärken, soll sich damit die Wirkstoffkonzentration von Curcumin im Blut um bis zu 2.000 Prozent erhöhen. Roh scheint die Kurkuma übrigens stärker entzündungshemmend zu wirken, während sie gekocht einen besseren DNA-Schutz haben soll.

Achtung bei Gallen- und Nierensteinen: Kurkuma erhöht die Gallen- und Nierenaktivität. Man kann damit zwar Gallensteinen vorbeugen, bei bestehenden Gallensteinen löst der Genuss aber unter Umständen Schmerzen aus. Und die enthaltene Oxalsäure führt bei sehr hohen Dosierungen möglicherweise zu einer erhöhten Nierensteinbildung. Die WHO empfiehlt als sichere Dosis maximal drei Gramm Kurkumapulver täglich.

Ingwer – der scharfe Gesundmacher

Schon wegen der gesunden Polyphenole lohnt es sich, täglich Ingwerpulver oder frischen Ingwer ins Essen zu geben, mehr als vier Teelöffel bzw. 20 Gramm sollten es allerdings nicht sein. Ingwer hilft nicht nur hervorragend gegen Entzündungen, sondern lindert auch Übelkeit, Migräne und Menstruationsbeschwerden, zügelt den Appetit und wärmt den Körper. Zudem eignet er sich wunderbar als Zutat für Fastengetränke wie aromatisiertes Wasser oder feine Kräutertees.

Safran – der färbende Stimmungsaufheller

Die zarten Blütenfäden des Safrans schützen die Zellen und unterstützen das Immunsystem. Verantwortlich dafür sind die gelb färbenden sekundären Pflanzenstoffe. Täglich ins Essen gerührt, soll der Safran fröhlich stimmen und den Schlaf verbessern. Dabei braucht es nur ganz kleine Mengen, fünf bis acht Fäden pro Tag reichen aus. Eine Überdosis kann zu unerwünschten Symptomen wie Schwindel, Übelkeit und Kopfschmerzen führen.

Pfefferminze – die kühlende Zellschützerin

Nach der Gewürznelke hat die Pfefferminze den zweithöchsten Wert an Polyphenolen, zudem ist sie reich an ätherischem Öl. Das Kraut der Pfefferminze wirkt stark antioxidativ, wunderbar kühlend und hilft gegen Viren und Bakterien. Trinken Sie immer wieder eine Tasse Pfefferminztee oder genießen Sie die Pfefferminzblätter in erfrischenden Speisen, wie etwa im Petersilien-Tabouleh (Rezept Seite 118). Mit etwas Ingwer wirkt Pfefferminze im Winter nicht mehr so kühlend, sondern ausgleichend.

Oregano, Salbei, Rosmarin, Thymian und Majoran – schützende Speisebegleiter

Die polyphenolreichen mediterranen Kräuter sind gute DNA-Schützer. Ihre entzündungshemmenden und antioxidativen Eigenschaften wirken zudem gegen Pilze und Bakterien. Mischen Sie reichlich Salbei, Oregano, Rosmarin & Co in Ihre Speisen, z. B. auch beim

Grillen – die Sonnenanbeter schützen nämlich vor schädlichen Grill- oder Bratstoffen (siehe „Köstlich grillen" Seite 88).

Nelken – ultimative DNA-Schützerinnen

Gewürznelken mit ihrem hohen Polyphenol-Gehalt zählen zu den Antioxidantienreichsten Gewürzen. Sie schützen die DNA und wirken gegen Viren und Bakterien. Geben Sie öfter ganze Gewürznelken oder etwas Nelkenpulver in Ihre Speisen – das schmeckt und tut der Gesundheit gut.

Zimt – blutzuckersenkender Schutz vor AGEs

Ein Vorzug des Zimts ist seine blutzuckersenkende Wirkung, ein anderer, dass er vor der Bildung von AGEs schützt. Verwenden Sie

nur „Ceylon"-Zimt, die Sorte „Cassia" enthält viel leberschädigendes Cumarin. In größeren Mengen kann dieser Aromastoff vorhandene Leberschäden vergrößern und zu Entzündungen führen. „Ceylon"-Zimt ist praktisch frei von Cumarin.

Liebstöckel – das Kraut der Jugend

Seinen Namen verdankt das Liebstöckel dem Glauben, es besitze eine anregende und aphrodisierende Wirkung. Tatsächlich wirkt die auch Maggikraut genannte Pflanze entzündungshemmend und antibiotisch. Darüber

hinaus verfügt sie über einen hohen Gehalt am senolytisch wirksamen Polyphenol Quercetin, das die seneszenten „Zombie"-Zellen im Organismus bekämpft. Auch deshalb gilt das Liebstöckel als verjüngend. Fügen Sie Ihren Gerichten so oft wie möglich einige frische oder getrocknete Blätter hinzu.

Wilde Kräuter mit Jungbrunnen-Effekt

Wildkräuter müssen sich den Ort, an dem sie wachsen, erobern und sind deshalb auch vitaler als Kulturpflanzen. Verglichen mit Kräutern aus konventioneller Landwirtschaft enthalten sie deutlich höhere Mengen an sekundären Pflanzenstoffen. Falls Sie einen

Garten oder Balkon besitzen – lassen Sie ihn auch wild sein: Brennnessel, Gänseblümchen, Gundelrebe, Löwenzahn, Schafgarbe und Vogelmiere liefern besonders viele sekundäre Pflanzenstoffe, Vitamine und Mineralstoffe und regen Stoffwechsel und Entgiftung an.

> → **ONLINE-BUCHBONUS 4**
>
> *Jungbrunnen-Kräutermischung*
> *Holen Sie sich das Spezialrezept und entdecken Sie die beste Jungbrunnen-Kräuter-Mischung für pikante Gerichte (siehe Seite 158).*

GETREIDE – GESUNDHEIT AUS DEM VOLLEN KORN

Ausschlaggebend für den Gesundheitswert von Brot und anderen Getreideprodukten ist die Verarbeitung des Getreides. Die äußere Schicht der Pflanzen liefert die meisten Ballaststoffe, Antioxidantien und Mineralien. Greifen Sie prinzipiell zu Vollkornprodukten, denn diese enthalten auch die Randschichten und den Keimling des Getreidekorns. Ein hoher Verzehr von Weißmehlprodukten, wie Gebäck oder Pasta, ist mit zahlreichen Gesundheitsrisiken verbunden.

Häufig berichten Menschen über Unverträglichkeiten in Bezug auf Getreideprodukte. Dies wird auf die sogenannten antinutritiven Stoffe, wie Gluten, Lektine oder Phytinsäure,

die bei manchen Menschen Darmbeschwerden auslösen, zurückgeführt. Brot, das traditionell mit langer Sauerteigführung hergestellt wird, verursacht diese Probleme deutlich seltener – die reizenden Stoffe werden durch die langen Gärzeiten während der Zubereitung zum Großteil deaktiviert. Ein bis zwei Schnitten Sauerteig-Vollkornbrot täglich sollen vor Altersleiden und Fettleibigkeit schützen.

Hafer

Er zählt zu den verträglichsten Getreidesorten: Der Hafer liefert reichlich Ballaststoffe, wie Beta-Glucane, die ein ideales Futter für unsere gesunden Darmbakterien darstellen. Zudem enthält Hafer entzündungshemmende Stoffe – sie sind auch für seinen köstlichen Duft und Geschmack verantwortlich.

INFOBOX

Auf Verarbeitung und Zubereitung kommt es an

Ein Großteil der Antinährstoffe (siehe „Böses Gemüse" & Co Seite 90) im Getreide kann durch Zubereitungs- und Verarbeitungsprozesse unschädlich gemacht werden: Dafür sorgt nicht nur eine lange Sauerteigführung, auch Vorgänge wie das Einweichen und Fermentieren tragen dazu bei. Lektine etwa sind hitzeempfindlich, ein Teil davon wird beim Kochen und Backen zerstört. Auch das Keimen der Getreidekörner verringert den Antinährstoffanteil – Phytinsäure etwa wird bei diesem Prozess durch ein Enzym gespalten.

- Kaufen Sie Bio-Vollkornbrote aus Teigen, basierend auf traditioneller Sauerteigführung mit langen Teig- und Gehzeiten. Backen Sie auch zu Hause entsprechend.
- Weichen Sie Vollkorngetreide bzw. Getreideflocken fürs Müsli über Nacht in Wasser ein, um Antinährstoffe zu reduzieren.

→ ONLINE-BUCHBONUS 5

Einkaufstipps für Mehl und Brot
Warum ist traditionell gebackenes Brot gesünder und worauf soll man bei der Typenkennung beim Mehl achten? Finden Sie spannende Antworten und Einkaufshilfen (siehe Seite 158).

Gerste

Auch die Gerste enthält die wertvollen Beta-Glucane. Als Bestandteil einer Mahlzeit tragen diese dazu bei, dass der Blutzuckerspiegel nach dem Essen weniger stark ansteigt – kein Wunder also, dass die Gerste mit Langlebigkeit assoziiert wird.

Glutenfreies „Getreide"

Einige Getreidesorten wie (Wild-)Reis, Mais und Hirse (ist auch lektinfrei) sowie die Pseudogetreidesorten Amarant, Quinoa und Buchweizen sind glutenfrei. Sie eignen sich besonders bei Zöliakie und Glutensensitivität. Dinkel enthält zwar Gluten, ist aber für manche Menschen besser verträglich als Weizen, was möglicherweise an einer anderen Gluten-Zusammensetzung liegt.

FISCHE UND MEERESFRÜCHTE

Gemeinsam mit Algen sind Fisch und Meeresfrüchte die vollwertigste Quelle der gesunden Omega-3-Fettsäuren DHA und

EPA (siehe Infobox „Omega-3: das Anti-Aging-Fett" Seite 50). Zudem enthalten sie Jod, Selen, Zink, verschiedene B-Vitamine, den Anti-Aging-Stoff L-Carnosin und andere Nährstoffe und sollten daher so oft wie möglich genossen werden. Wir empfehlen ausschließlich Fische und Meeresfrüchte aus Wildfang und nachhaltiger Befischung oder aus Bio-Aquakultur.

der Keulen gesünder ist als die weißen Bruststücke. Es enthält reichlich fettlösliches Vitamin K2 – was das Herz schützt und das Wachstum von Krebszellen hemmt.

FLEISCH UND GEFLÜGEL

Fleisch liefert neben allen essenziellen Aminosäuren insbesondere die Anti-Aging-Nährstoffe L-Carnitin, Coenzym Q10, Alpha-Liponsäure und Carnosin. Letzteres kommt nur in Fleisch oder in Fisch vor, jedoch nicht in pflanzlichen Lebensmitteln. Es kann die Bildung von AGEs blockieren sowie antioxidativ wirken und wird als Anti-Aging-Substanz immer populärer.

Bevorzugen Sie Wildfleisch und Fleisch aus Weidehaltung, denn dieses enthält durch die Gras-Fütterung mehr wertvolle Omega-3-Fettsäuren als jenes aus konventioneller Haltung mit Soja- oder Getreidefutter. Bei Geflügel hat sich gezeigt, dass das dunkle Fleisch

> **→ ONLINE-BUCHBONUS 6**
>
> *Fleisch: Ja oder nein?*
> **Die Frage, ob Fleisch Teil unserer Ernährung sein sollte, ist nicht einfach zu beantworten. Weitgehend einig ist sich die Ernährungsmedizin darüber, dass verarbeitete Fleischprodukte wie Wurst oder Speck negative Auswirkungen auf die Gesundheit haben. Von der WHO werden diese sogar als krebserregend eingestuft. Weniger eindeutig ist die Sachlage bei Frischfleisch. Unterschiedliche Studien zeigen sowohl nachteilige als auch positive Auswirkungen auf die Gesundheit und den Alterungsprozess. Eine potenziell positive Wirkung hängt jedenfalls von der Art des Fleisches, der Produktionsweise und vom eigenen Stoffwechseltyp ab.**
>
> **Macht der Fleischkonsum für Sie Sinn? Informieren Sie sich über die wesentlichsten Pro- und Contra-Argumente (siehe Seite 158).**

> → **ONLINE-BUCHBONUS 7**
>
> *Bio – gut für die Umwelt, gut für den Körper*
>
> *Pflanzliche Bio-Lebensmittel werden ohne chemisch-synthetische Spritz- und Düngemittel sowie gentechnikfrei hergestellt. Sie verfügen nachweislich über viel höhere Mengen an „Jungbrunnen-Stoffen", wie z. B. Polyphenole. Verarbeitete Bio-Produkte enthalten darüber hinaus deutlich weniger „Alterungsgifte" in Form von Lebensmittelzusatzstoffen. Als besonders nachhaltig erweist sich die Bio-Landwirtschaft gerade in der Tierhaltung.*
>
> *Erfahren Sie, warum Bio-Produkte „jünger", gesünder und glücklicher machen (siehe Seite 158).*

MILCHPRODUKTE

Während die Auswirkungen von Frischmilch auf die Gesundheit von Erwachsenen umstritten sind, gibt es bei fermentierten Milchprodukten zahlreiche Studien, die einen positiven gesundheitlichen Effekt bestätigen. Joghurt und Käse sind Nahrungsmittel mit einem eigenen „Kosmos" aus Mikroben und beeinflussen unsere Darmflora positiv. Cheddar-Käse (mindestens ein Jahr lang gereift) und andere gereifte Käsesorten wie Parmesan, Comté, Camembert oder Gouda enthalten Spermidin und aktivieren so die Autophagie.

INFOBOX

Jungbrunnen-Einkaufstipps

→ **Kaufen Sie, wenn möglich, immer Bio-Produkte, erkennbar am EU-Bio-Siegel.**

→ **Achten Sie genau auf die Zutatenliste.**
• **Auf die Reihenfolge kommt's an,** denn die Zutaten eines Lebensmittels sind der Menge nach geordnet – von der Zutat, die an erster Stelle steht, ist am meisten enthalten. Am Ende der Liste finden sich Gewürze, Aromen und Zusatzstoffe.
• **Versteckten Zucker zu erkennen** ist nicht leicht, denn in der Zutatenliste verbirgt er sich hinter mehr als 70 Bezeichnungen. Wer Zucker meiden möchte, sollte u. a. auf folgende Begriffe achten: Dextrin, Dextrose, Dicksaft, Fruchtextrakt, Traubensüße, Fruktose, Gerstenmalz, Glukose, Glukosesirup, Laktose, Maltose oder Saccharose.
• **E-Nummern beachten:** In der Zutatenliste finden sich auch Lebensmittelzusatzstoffe, die für unsere Gesundheit problematisch sein können. Einige davon stehen im Verdacht, Allergien auszulösen und Krankheiten wie Asthma, Neurodermitis, Alzheimer oder sogar Krebs zu begünstigen. Alle Zusatzstoffe haben eine sogenannte E-Nummer. Weil diese bei den Verbrauchern in den letzten Jahren in Verruf geraten sind, werden die Zusatzstoffe auf der Verpackung nun oft mit der ursprünglichen Bezeichnung ausgewiesen.
• Greifen Sie nur zu Produkten mit **maximal fünf bis sechs Inhaltsstoffen.** Die Menge an unnötigen Zusatzstoffen reduziert sich dadurch automatisch.

→ **ONLINE-BUCHBONUS 8**

E-Nummern-Liste
Holen Sie sich die wichtigsten Infos und Weblinks zu E-Nummern, deren Verwendungszweck, Wirkungen und Nebenwirkungen (siehe 158).

Jungbrunnen-Getränke

Wasser ist die Basis allen Lebens und ausreichend Flüssigkeit die Voraussetzung für einen gesunden, jungen Körper. Getränke dienen nicht nur der Flüssigkeitszufuhr, sie können uns durch die Vielfalt der Natur auch mit wunderbaren, echten Aromen und natürlichen Anti-Aging-Wirkstoffen versorgen.

Heißgetränke gelten als Königsklasse der Durstlöscher. Die medizinischen Traditionen des Ostens besagen, dass heißes Wasser vom Körper besser aufgenommen werden kann.

(KRÄUTER-)TEE UND KAFFEE

Gießen wir Teeblätter, Kräuter oder Kaffeebohnen mit heißem Wasser auf, so löst dieses zahlreiche gesunde Inhaltsstoffe aus den Pflanzen, vor allem auch die wertvollen sekundären Pflanzenstoffe. Und deren antioxidative, sirtuinaktivierende, entzündungs- und glykationshemmende sowie autophagiefördernde Wirkung können wir dann praktisch kalorienfrei genießen – was puren Tee und Kaffee zu wunderbaren Fastengetränken macht. Einzelne Kräuter und Wurzeln wie Ashwagandha und Astragalus aktiveren übrigens sogar das „Jungbrunnen-Enzym" Telomerase.

Ashwagandha – die stimmungsaufhellende Jungbrunnenwurzel

Tee aus der Wurzel des Ashwagandha-Strauches („Schlafbeere", „Indischer Ginseng")

Vorab: Meiden Sie gezuckerte Limonaden, Cola und Energydrinks mit ihrer hohen Konzentration an „Alterungsgiften" sowie die stark fruktosehaltigen und „alt machenden" Fertig-Fruchtsäfte. Nehmen Sie Fruchtsäfte nur in geringen Mengen zum Aromatisieren ihres Wassers – am besten frisch gepresst.

zählt zu den wichtigsten Heilmitteln der Ayurveda-Medizin. Wegen ihrer positiven Wirkung auf Körper, Geist und Seele gilt die Pflanze sogar als „Königin des Ayurveda". Ihre rund 50 Wirkstoffe werden traditionell zur Stärkung des Körpers und als Aphrodisiakum eingesetzt – ebenso bei psychischen Problemen.

Ashwagandha ist ein sogenanntes Adaptogen. Der Begriff kommt aus der Alternativmedizin und bezeichnet biologisch aktive Pflanzenstoffe, die Körper und Geist dabei unterstützen, in einen Zustand der Balance zu kommen – die negativen Auswirkungen von Stress und Alterung werden dadurch nachweislich reduziert. Ashwagandha senkt den Spiegel des Stress-Hormons Cortisol im Blut, wirkt stimmungsaufhellend und konzentrationsfördernd und verbessert den Schlaf. Die Heilwurzel senkt außerdem den Blutzucker, stabilisiert den Blutdruck, nimmt das Hungergefühl und verbessert Wachstum und Leistungsfähigkeit der Muskeln. Sie wirkt auch antioxidativ und stärkt das Immunsystem.

In Indien wird Ashwagandha seit Jahrtausenden als Potenzmittel und zur Steigerung der Fruchtbarkeit eingesetzt. Studien zeigen, dass die Wurzel die Qualität der Samenflüssigkeit verbessert und die Zahl der Schwangerschaften erhöht. Nicht zuletzt steigert Ashwagandha nachweislich die Aktivierung des Enzyms Telomerase im Organismus und ist somit ein natürliches Anti-Aging-Mittel, das sich den Namen „Jungbrunnen-Wurzel" zu Recht verdient.

Astragalus membranaceus – der Telomerase-Aktivator

Das Pendant zur Ashwagandha-Wurzel in der Traditionellen Chinesischen Medizin (TCM) ist Astragalus („Mongolischer Tragant"). Auch diese Wurzel ist ein Adaptogen. In der TCM wird Astragalus als stressreduzierendes, antioxidatives und immunstärkendes Anti-Aging-Mittel genutzt. Diese Wirkungen wurden in zahlreichen Studien bestätigt. Zudem konnte bei Menschen, die Extrakte aus der Astragaluswurzel zu sich genommen hatten, eine Verlängerung der Telomere durch die Aktivierung des „Jungbrunnen-Enzyms" Telomerase nachgewiesen werden.

Geißraute zur Blutzuckersenkung

Tee aus der Geißraute wird schon seit dem Mittelalter als Heilmittel verwendet. Durch ihre stark blutzuckersenkende Wirkung ist die Pflanze mittlerweile als Anti-Aging- und Abnehm-Kraut beliebt. Aber Vorsicht: Bei dauerhafter und zu intensiver Einnahme kann es zu Nebenwirkungen wie Übelkeit kommen und bei außergewöhnlich hoher Dosierung ist die Geißraute giftig.

Hopfenblüten zur Beruhigung

Auch eine entspannte Psyche und guter Schlaf sind entscheidende Anti-Aging-Zutaten. Hopfenblüten können uns hier unterstützen. Sie entfalten ihre beruhigende Wirkung nicht nur im Bier, sondern auch im Tee und

verhelfen uns damit alkoholfrei zu einem guten Schlaf und mildern Nervosität und Angstzustände. Hopfenblütentee wirkt außerdem antioxidativ, seine bitteren Aromen nehmen Hungergefühle.

Orangenblüten zur Harmonisierung

Mit ihrem Mix aus ätherischen Ölen und sekundären Pflanzenstoffen werden Orangenblüten in der Kräutermedizin zur Behandlung von Nervosität, Schlafstörungen und Ängstlichkeit, aber auch bei Magenbeschwerden eingesetzt.

Passionsblume zur Entspannung

Tee aus Passionsblumenkraut ist wegen seiner krampflösenden und beruhigenden Effekte beliebt. Diese Wirkung wird auf die besonderen Polyphenole der Pflanze zurückgeführt. In placebokontrollierten Studien konnte

sowohl die schlaffördernde Wirkung als auch eine Verbesserung des subjektiven Ängstlichkeitsempfindens nachgewiesen werden.

Süßholzwurzel – Appetitzüglerin mit Universalwirkung

400 Wirkstoffe konnten in der Süßholzwurzel analysiert werden. Einer davon ver-

fügt über die 50-fache Süßkraft von Rohrzucker – und das völlig kalorienfrei. Obwohl Süßholztee sehr süß schmecken kann, erhöht er als einziges Süßungsmittel nicht den Blutzucker – die ebenfalls enthaltenen sekundären Pflanzenstoffe (Amorfrutine) können sich sogar blutzuckersenkend auswirken. Diese Eigenschaft und die Tatsache, dass die Wurzel das Sättigungshormon Leptin aktiviert, machen Süßholz zu einer beliebten Zutat in Fastentees. Aufgrund ihrer antiviralen, antibakteriellen und entzündungshemmenden Eigenschaften wird die Süßholzwurzel auch bei Atemwegserkrankungen und Magenbeschwerden eingesetzt. Zudem ist die Pflanze in der Kräuterkunde auch als Wirkkraftverstärker beliebt: Sie wird gerne in Kombination mit anderen Kräutern in Teemischungen verwendet. Größere Mengen, d. h. mehr als 15 Gramm Süßholz täglich sollte man aber nicht dauerhaft zu sich nehmen, da dies zu Bluthochdruck oder Kaliumverlust führen kann. Als Bestandteil von Lakritze oder in Teemischungen gelten etwa 2,5 Gramm der Wurzel pro Tag als nebenwirkungsfrei und sicher.

Auch zahlreiche Küchenkräuter und Gewürze wie z. B. Gewürznelken, Ingwer, Pfefferminze oder Zimt eignen sich wunderbar als Teekräuter (siehe ab Seite 71).

> **→ ONLINE-BUCHBONUS 9**
>
> *Noch mehr wohltuende Teekräuter*
> *Finden Sie weitere Infos über wohlschmeckende, gesundheitsfördernde Teekräuter und ihre Wirkungen (siehe Seite 158).*

Grüner Tee

Grüner Tee ist ein wahres Jungbrunnen-Getränk. Er enthält neben Vitamin C u. a. auch hohe Mengen an gesundheitsfördernden Polyphenolen, vor allem Epigallocatechingallat (EGCG). Dieses hemmt Entzündungsprozesse und reduziert die Gefahr, an Krebs, Herz-Kreislauf-Erkrankungen und Diabetes zu erkranken. Grüner Tee wirkt antiallergen, senkt den Blutzucker und beeinflusst die Cholesterinwerte positiv. Weiters regt er auch den Stoffwechsel an, steigert den Grundumsatz, bremst die Hautalterung, wirkt im Wechsel förderlich auf den Hormonhaushalt und reduziert wegen seiner Bitterstoffe Zuckerhunger. Beachten Sie, dass durch die Zugabe von Zucker, Süßstoffen, Honig und Milch die Aufnahme der wertvollen Polyphenole, insbesondere der Catechine, beeinträchtigt wird. Bei der Zugabe von Zitronensaft kann hingegen die Bioverfügbarkeit dieser wertvollen Polyphenole sogar verstärkt werden.

Die richtige Zubereitung: Achten Sie auf Menge, Ziehdauer und Wassertemperatur

Um nicht ungewollt Spritzmittel und Pestizide zu sich zu nehmen – schließlich werden sämtliche Stoffe im Wasser gelöst und dann getrunken –, kaufen Sie Tee und Teekräuter am besten nur in Bio-Qualität.

Beim Aufguss von grünem Tee darf kein kochend heißes Wasser verwendet werden. Die Teepflanze verfügt über relativ viel Oxalsäure, die die Entstehung von Nierensteinen begünstigen kann. Je länger der Tee zieht und je heißer das Teewasser ist, umso mehr Oxalsäure wird im Wasser gelöst. Daher sollte die Temperatur des Aufgusswassers maximal 70 °C betragen und der Tee nicht länger als zwei Minuten ziehen. Beutel-Tee gibt aufgrund der Partikelgröße mehr Oxalsäure ab – greifen Sie daher besser zu losem Tee.

Beim Aufgießen der meisten Kräutertees ist es hingegen entscheidend, kochend heißes Wasser zu verwenden: Manche Wirkstoffe lösen sich nämlich erst bei 90 bis 100 °C Celsius. Die Ziehzeit variiert von Pflanze zu Pflanze, werfen Sie deshalb immer einen Blick auf die Verpackung.

> **→ ONLINE-BUCHBONUS 10**
>
> *Die Vielfalt des grünen Tees*
> *Kaum eine Pflanze ist so vielseitig wie der Teestrauch. Erfahren Sie mehr über Inhaltsstoffe, Anwendungsgebiete und Jungbrunnen-Wirkungen des grünen Tees (siehe Seite 158).*

***Achtung:** Tee und Teekräuter haben bei einer Überdosierung Nebenwirkungen. Schwangere, Kranke und Kinder sollten vor dem Konsum von wirkstoffintensiven Kräutertees stets eine/n ÄrztIn konsultieren.*

Kaffee

Ob koffeinhaltig oder nicht, Kaffee enthält viele Polyphenole. Er schützt vor Herz-Kreislauf-Erkrankungen und unterstützt den zellulären Verjüngungseffekt, indem er Entzündungsprozesse bremst und die Selbstreinigung der Zellen – die Autophagie – aktiviert. Allerdings spielen Menge und Zubereitungsart eine wesentliche Rolle: Bis zu vier Tassen täglich gelten als sichere Menge. Die herzschonenden Effekte zeigen sich übrigens nur bei Filterkaffee, nicht bei Kaffee aus der Espressomaschine, dem stattdessen krebshemmende Wirkungen zugesprochen werden. Wechseln Sie also Filterkaffee und Espresso ab und halten Sie sich an die Maximalmenge von vier Tassen täglich.

Gesünder als schwarzer Kaffee ist der ungeröstete grüne Kaffee, der in den letzten Jahren als „Abnehm-Wundermittel" Furore gemacht hat. Er enthält auch Chlorogensäuren, die vor allem für die antioxidativen und fettverbrennenden Effekte verantwortlich sind.

> → **ONLINE-BUCHBONUS 11**
>
> *P. A. Straubingers Teemischungen*
> *Als LeserIn können Sie P. A. Straubingers Tee- und Kräutermischungen vergünstigt bestellen (siehe Seite 158).*

ERFAHRUNGSBOX

P. A. Straubinger

„Zaubertränke und Wunderpillen"? – Mein Leben mit Teekräutern und Nahrungsergänzungen

Neben Wasser, Kaffee und klassischem Tee liebe ich die Aromen und Wirkungen von Kräutertees. Mit kochendem Wasser verwandeln sie sich in wahre „Zaubertränke" – ohne Kalorien, dafür mit Wirkstoffen, die Körper, Geist und Seele in Balance bringen. Süßholz, Orangenblüten, Ashwagandha, Hibiskus & Co machen mir die täglichen Fastenphasen nicht nur geschmacklich zum Genuss: Jede Pflanze verfügt über einzigartige Wirkungsweisen. Manche Kräuter sättigen, indem sie Botenstoffe und Hormone aktivieren, andere nehmen den Stress, hellen die Stimmung auf und stärken das Immunsystem.

Synthetische Vitaminpräparate halte ich im Normalfall für überflüssig. Aus echten Lebensmitteln hergestellte Nahrungsergänzungen können meiner Erfahrung nach sehr hilfreich sein.

Ein Beispiel: Obwohl ich immer der Ansicht war, mich gesund zu ernähren, entpuppte sich das Verhältnis von Omega-3- zu Omega-6-Fettsäuren in meinem Blut, wie bei den meisten Menschen der westlichen Welt, als ziemlich ungünstig. Die Einnahme eines Kombipräparats aus Omega-3-Öl und Polyphenolen führte schnell zu Bestwerten. Das wirkt sich nicht nur gesundheitlich positiv aus – gute Omega-3-Werte reduzieren auch meinen „Süßhunger", sie verbessern nämlich die Aufnahme des Belohnungsbotenstoffes Dopamin und reduzieren suchthaftes Essverhalten. In Form von Pflanzenextrakten können wir dem Körper effektiv wichtige Polyphenole zuführen, ohne ihn mit Unmengen von Kalorien zu bombardieren. Statt mehrerer Kilo süßer Trauben nehme ich täglich zwei Kapseln gefäß- und hautschützendes Polyphenol (OPC) aus Traubenkernextrakt. Ich muss auch nicht literweise Rotwein trinken, um gut mit Resveratrol versorgt zu sein – mir hilft ein Extrakt aus dem japanischen Staudenknöterich, die Sirtuine zu aktiveren. Astragaluswurzel schützt meine Telomere und Carnosinpulver aus veganer Fermentation versorgt mich mit dem „fleischlichen" Anti-Aging-Stoff, der speziell bei fleischarmer Kost im Alter immer knapper wird – und ich bin schließlich ein Flexitarier über fünfzig. Ersetzt das alles gesundes Essen? Natürlich nicht – frische Lebensmittel sind die Basis, die ich im Alltag jedoch nicht immer in ausreichender Menge oder Qualität zu mir nehmen kann. Darum ergänze ich aus ganz pragmatischen Gründen die „Jungbrunnen-Küche" mit meiner eigenen „Jungbrunnen-Alchemie", die alleine schon durch das tägliche Ritual der Einnahme und den Fokus auf ein langes, gesundes Leben meine Extrakte und „Zaubertränke" Wunder wirken lässt.

Jungbrunnen-Zubereitung

Durch Zubereitungsart, Höhe der Gartemperatur und die Auswahl bestimmter Kräuter entscheiden Sie darüber, welchen Effekt Ihre Mahlzeit entfaltet: altersbeschleunigend oder verjüngend.

Jungbrunnen-Stoffe, z. B. Polyphenole, können sich, wie viele andere Inhaltsstoffe von Lebensmitteln, bei der Lagerung und Verarbeitung verändern. Manche reagieren empfindlich auf Hitze, Licht oder Sauerstoff und verlieren so zumindest teilweise ihre Wirkung. Andere wiederum werden durch die richtige Zubereitung erst aktiviert oder in die Lage versetzt, sich zu vermehren, und gewinnen dadurch an Wirkkraft. Optimale Zubereitungsmethoden schonen die sekundären Pflanzenstoffe und helfen, antinutritive Stoffe, die die Nährstoff-Verfügbarkeit von Lebensmitteln einschränken, abzubauen.

GEMÜSE: ERHITZEN ODER ROH ESSEN?

Ob Gemüse gekocht werden soll oder nicht, um möglichst gesund zu sein, kommt auf die jeweilige Gemüsesorte und ihre Inhaltsstoffe an. In vielen Fällen ist Rohkost die beste, weil

nährstoffreichste Wahl: Vitamin C und zahlreiche Polyphenole etwa werden durch Kochen und Braten stark reduziert. Gemüsebrei (wie z. B. Gemüse-Smoothies) hat in vielen Fällen den besseren Effekt. Lycopin, der gesunde rote Farbstoff der Tomate, wird hingegen erst durch Kochen und Pürieren gelöst (die Zellwände müssen aufbrechen) und durch Zugabe von Öl oder Fett gut verwertbar. Und Beta-Carotin aus Karotten wird vom Körper besser aufgenommen, wenn das Gemüse gekocht, püriert und ebenfalls mit Fett oder Öl verfeinert wird: Hier steigert Hitze die Bioverfügbarkeit. Kochen Sie Gemüse immer in wenig Wasser und verwenden Sie wenn möglich das Kochwasser als Bestandteil des Gerichts (Suppen, Saucen etc.), da sonst die wertvollsten Stoffe verloren gehen.

Essbare Pilze sollten gut gegart werden, da einige im Rohzustand giftig sind. Am besten, man brät sie mit frischen Kräutern in Olivenöl, Kokosöl oder Ghee. Pilzgerichte dürfen nur wieder aufgewärmt werden, wenn sie zwischenzeitlich schnell und gut gekühlt wurden, ansonsten können mikrobielle Giftstoffe entstehen.

Rohe Hülsenfrüchte wie Bohnen, Kichererbsen und Linsen enthalten Lektine, die zu Vergiftungserscheinungen, zur Verklumpung roter Blutkörperchen und zu Schäden an der Darmwand führen können. Einweichen und kochen oder fermentieren kann die Lektine vermindern. Erbsen enthalten kaum Lektine. Daher darf die eine oder andere Schote auch roh genascht werden. Allerdings sind rohe Erbsen wegen der unverdaulichen Ballaststoffe schwer verträglich (siehe „Böses Gemüse & Co" Seite 90). Sprossen aus Soja- oder Mungobohnen sind vor dem Verzehr zu erhitzen – sie können mit krankheitserregenden Keimen belastet sein.

So reduzieren Sie AGEs

Höhere Temperaturen und eine längere Erhitzungsdauer von Speisen begünstigen die Entstehung von AGEs. Schonende Kochmethoden wie Dämpfen, Dampfgaren oder Pochieren führen zu einer deutlich geringeren AGE-Bildung als Grillen oder Braten.

→ **Jungbrunnen-Tipp:**
Mischen Sie beim Kochen oder Braten polyphenolreiche Kräuter, Zwiebeln, Knoblauch und Kurkuma in die Speisen und verfeinern Sie Gerichte mit resveratrolreichen Lebensmitteln

> Die trockene Hitze beim Grillen und Braten produziert deutlich mehr „Altmacher" im Essen als feuchte Garmethoden.

wie Weintrauben, Rotwein, Himbeeren und Pflaumen. Das hemmt die Bildung von AGEs und anderen schädlichen Stoffen bzw. schützt vor deren negativen Auswirkungen (siehe „Blutzucker senken, Glykation und chronische Entzündungen reduzieren" Seite 56).

WARUM WIR VOM ENTSAFTEN ABRATEN

Beim Entsaften gehen Nährstoffe verloren, vor allem Ballaststoffe und daran gebundene sekundäre Pflanzenstoffe, wie die gesunden Polyphenole. Diese können nur durch gute Darmbakterien herausgelöst und vom Darm ins Blut aufgenommen werden. Obst essen ist also immer eine bessere Wahl als Obst trinken.

Smoothies – ja oder nein?

Vermeiden Sie süße Frucht-Smoothies, sie enthalten zu viel Fruktose und Glukose. Und das beschleunigt nicht nur die Bildung von AGEs – der übermäßige Genuss von Fruktose kann auch zu einer Fettleber führen und das Gichtrisiko erhöhen. Achten Sie bei Fertig-Smoothies auf die Zutatenliste: Beigemischte Apfel- oder andere Fruchtsäfte erhöhen den Fruktose- und Glukosegehalt zusätzlich. Wenn Sie sich hingegen einen grünen Smoothie aus viel Gemüse und Kräutern selbst zubereiten, überwiegen die gesundheitlichen Vorteile.

Pürierte Zitrusfrüchte

Statt Zitronen zu pressen, ist es besser, sie zu schälen und zu pürieren. So bleiben Ballaststoffe und sekundäre Pflanzenstoffe erhalten. Ergänzend können Sie die Schale abreiben und etwas davon ins Püree geben. In der Schale stecken gesunde Stoffe, die den Schutz der DNA unterstützen (siehe „Zitrusfrüchte – saure DNA-Schützer" Seite 65).

KÖSTLICH GRILLEN: NUTZEN SIE DIE „ZAUBERTRICKS" VON ROSMARIN UND KNOBLAUCH

Sorgen Sie dafür, dass schädliche Grillstoffe reduziert werden. Auch hier helfen polyphenolreiche Zutaten. Einer Studie zufolge wird beim Braten von Fleisch mit 225 °C die Konzentration an krebserregenden Stoffen um 44 Prozent vermindert, wenn man das Fleisch zuvor in einer Marinade mit einprozentigem Rosmarinextrakt schwenkt. Dies entspricht etwa sieben Gramm getrocknetem Rosmarin pro 100 Gramm Marinade. Noch bessere Effekte erzielte die Variante mit 20 Gramm Knoblauch pro 100 Gramm Marinade: Die schädlichen Stoffe wurden um 70 Prozent reduziert. Eine Kräuter-Knoblauch-Marinade

hat also nicht nur geschmackliche Vorteile, sie schützt auch das Grillgut.

Achtung: Auch auf Gemüse, Soja-, Seitan- oder Pilzwürsten können beim Grillen schädliche Stoffe entstehen. Bestreichen Sie diese Lebensmittel ebenfalls mit einer schützenden Kräuter-Knoblauch-Marinade. Wichtig: Schneiden Sie verkohlte oder braune Stellen immer weg, da sie AGEs, Acrylamid und andere krebserregende Stoffe enthalten.

Kein Alu beim Braten, Grillen oder Kochen

Verwenden Sie niemals Alufolie oder Aluschalen bei der Lebensmittel-Zubereitung. Das Leichtmetall Aluminium kann auf salzige und saure Speisen übergehen – erkennbar ist das an den dunklen Stellen der Folie. Aluminium steht im Verdacht, das Risiko für Nieren- und Nervenerkrankungen zu erhöhen. Verwenden Sie besser Grillschalen aus Edelstahl.

Fette und Öle richtig verwenden

In den meisten Fetten und Ölen entstehen beim Erhitzen auf hohe Temperaturen (besonders ab 150 °C) aus den enthaltenen Omega-6- und Omega-3-Fettsäuren sogenannte Transfettsäuren. Sie machen die Zellwände porös und werden mit zahlreichen Krankheiten in Verbindung gebracht. Ein eindeutiges Zeichen für das Entstehen schädlicher Substanzen ist der sogenannte Rauchpunkt, also jener Punkt, bei

dem das Fett zu rauchen beginnt und aus gesundheitlichen Gründen nicht mehr verwendet werden soll. Die Temperatur des Rauchpunktes ist von Fett zu Fett unterschiedlich.

Gerade beim Frittieren und Braten ist die Wahl des richtigen Öls entscheidend. Transfette finden sich in vielen billigen Ölen, aber auch in hochwertigen kalt gepressten wie im Leinöl, wenn sich diese bei zu starkem Erhitzen in eine gefährliche „Transfett-Suppe" verwandeln. Ideal zum Braten und Backen sind natives Kokosöl und Butterschmalz, Olivenöl extra nativ sowie ölsäurereiches Sonnenblumenöl („high oleic"). Für die kalte Küche sind Olivenöl extra nativ und Leinöl bestens geeignet.

Decken Sie Ihren Bedarf an Omega-3-Fettsäuren mit zwei Portionen Fisch pro Woche, in Kombination mit guten Omega-3-Nahrungsergänzungen. Ebenso reich an Omega-3 sind Nüsse sowie Lein-, Nuss- oder Hanföl, auch wenn sie nicht das ganze Spektrum der Omega-3-Fettsäuren abdecken (siehe Infobox „Omega-3: das Anti-Aging-Fett" Seite 50). Pflanzenöle, die reich an Omega-3-Fettsäuren sind, sind sehr empfindlich gegen Licht, Hitze und Sauerstoff. Kaufen Sie sie nur in kleinen Gebinden, in dunklen Flaschen mit Überkarton und lagern Sie diese im Kühlschrank. Nach dem Öffnen sollte das Öl binnen vier Wochen verbraucht werden. Bei unsachgemäßer Lagerung, Verwendung nach dem Ablaufdatum und durch Erhitzen oxidieren die Fettsäuren – sie werden zu freien Radikalen und somit zu Zellschädigern.

„BÖSES GEMÜSE" & CO – ANTINÄHRSTOFFE UNSCHÄDLICH MACHEN

Pflanzliche Lebensmittel, vor allem Hülsenfrüchte, Samen, Getreide und Nachtschattengewächse, enthalten neben gesunden Nährstoffen auch Antinährstoffe. Diese sind schwach giftig bis stark giftig und stören Verdauung und Nährstoffaufnahme. Meist dienen sie der Pflanze zur Abwehr von Schädlingen bzw. Krankheiten. Zu diesen antinutritiven Substanzen zählen vor allem Lektine, Phytinsäure und Solanin. Durch die richtige Zubereitung können sie unschädlich gemacht werden.

→ **Solanin**

Solanin ist ein Pflanzenstoff, der in Nachtschattengewächsen wie Tomaten und Kartoffeln vorkommt. Nimmt man zu viel davon auf, kann das zu entzündlichen Erkrankungen, Migräne, Übelkeit und Erbrechen führen.

Schneiden Sie deshalb grüne Stellen und Austriebe an der Kartoffel weg und essen Sie keine unreifen Tomaten. Erhitzen oder Einweichen verändert das Solanin nicht.

→ **Lektine**

Zahlreiche Lebensmittel enthalten Lektine: Hülsenfrüchte (außer fermentierte Sojaprodukte wie Tempeh), Erdnüsse, Cashewkerne und Ölsaaten (Kürbis- und Sonnenblumenkerne sowie Chiasamen etc.), Getreide und Pseudogetreide (außer Hirse), Gurken, Zucchini,

grüne Bohnen, Kürbis, Melonen, Nachtschattengewächse wie Tomaten, Auberginen, Paprika, Chili, Kartoffeln, Physalis und Gojibeeren. Setzen sich diese Lektine an der Darmschleimhaut fest, kann das die Darmwand durchlässig machen, zu Entzündungen und zur Verklumpung von roten Blutzellen führen sowie das Immunsystem beeinflussen.

So wird der Großteil der Lektine zerstört: Weichen Sie Getreide, Pseudogetreide und Hülsenfrüchte über Nacht ein, schütten Sie das Einweichwasser dann weg und kochen Sie Getreide & Co mit frischem Wasser. Hitzebeständig ist nur Weizenlektin, allerdings kann es durch langes Fermentieren (Sauerteigbrot) verringert werden. Antinährstoffe im Gemüse lassen sich ebenfalls durch Fermentieren entschärfen – in Keimlingen und Sprossen durch Blanchieren.

→ **Phytinsäure**

Sie steckt in Hülsenfrüchten, Nüssen, Getreide, Weizenkleie und Ölsaaten: Die Phytinsäure verhindert einerseits die Aufnahme von Mineralstoffen und Spurenelementen im Darm, andererseits werden aber auch positive gesundheitliche Effekte diskutiert. So soll die Säure antioxidativ wirken, das stärkespaltende Enzym Amylase hemmen und freie Stärke im Darm binden.

Um einem Mineralstoffmangel vorzubeugen, weicht man Hülsenfrüchte und Getreide über Nacht in Wasser ein, denn dadurch – und nicht durch das Kochen – wird die Phytinsäure abgebaut. Die Einweichzeit soll mindestens acht Stunden betragen, optimal sind 24 Stunden. Schütten Sie das Einweichwasser weg und nehmen Sie zum Kochen frisches Wasser. Verzichten Sie bei Hülsenfrüchten übrigens auf Salz im Kochwasser – es verhindert, dass Bohnen & Co weich werden. Die Wirkung der Phytinsäure ist auch ein Grund dafür, warum nur echtes Sauerteigbrot mit langer Teigführung gegessen werden soll, denn bei dieser Art der Zubereitung wird sie abgebaut.

DAS WUNDER DER FERMENTATION

Da wir nicht ständig alles frisch zubereiten können, müssen wir zumindest punktuell auf Haltbares zurückgreifen. Viele industrielle Zusatz- und Konservierungsstoffe fördern jedoch den Alterungsprozess und schaden unserer Gesundheit (siehe „Die Alterungsbeschleuniger" Seite 31). Hier bietet die Fermentation gesunde Alternativen an, die völlig ohne Zusatz- und Konservierungsstoffe auskommen und für echte Jungbrunnen-Effekte sorgen.

Fermentation diente als Lebensmittel-Veredelungsmethode ursprünglich dazu, Essen mittels Gärprozessen länger haltbar zu machen. Durch die einfache Verfügbarkeit von haltbaren Lebensmitteln in Supermärkten geriet das Verfahren in privaten Küchen ziemlich in Vergessenheit. Erst in letzter Zeit ist Fermentieren wieder zum Thema geworden.

INFOBOX

Die beste Nahrung für die Darmflora

Im Darm leben Billionen von Bakterien. Sie sind nicht nur für die Verdauung, sondern auch für unser Immunsystem essenziell – und verbessern sogar die psychische Gesundheit. Wir können die Gesamtheit der Mikroorganismen in unserem Darm, unser Darm-Mikrobiom, bewusst stärken – ganz einfach, indem wir gesundheitsfördernde Bakterien, sogenannte Probiotika, durch das Essen fermentierter Lebensmittel von außen zuführen. Fermentiertes, wie eingelegtes Gemüse, Sauerkraut, Kimchi, Kefir, Joghurt und Käse, hat sein eigenes Mikrobiom, von dessen Bakterienkulturen unsere Darmflora profitiert. Die bei der Fermentation entstehende Milchsäure unterstützt zudem auch die Aufnahme von Eisen. Am besten nehmen Sie Fermentiertes regelmäßig in kleinen Mengen zu sich, etwa bei jeder Mahlzeit ein bis zwei Esslöffel. Um die Bakterien nicht abzutöten, sollten die Fermente allerdings nicht erhitzt werden.

Besonders gut gedeihen Bakterien mit präbiotischer Nahrung – ihrem „Lieblingsfutter". Es handelt sich dabei vor allem um Ballaststoffe aus den Zellwänden von Pflanzen. Für Menschen unverdaubar, sind sie die perfekte Nahrung für die guten Helferlein im Darm. Besonders viele präbiotische Ballaststoffe finden sich in Vollkornprodukten, Gemüse (Kohl- und Wurzelgemüse, Spargel), Hülsenfrüchten, Pilzen, Samen (Leinsamen und Kürbiskernen), Nüssen, Obst, Roh-Kakao (dunkler Schokolade) sowie Algen.

Was passiert bei der Fermentation?

Bei der natürlichen Fermentation wird mithilfe von Mikroorganismen, die auf den Pflanzen leben – Hefen auf Obst oder Milchsäurebakterien auf Gemüse –, ein Gärprozess ausgelöst. Die Mikroorganismen ernähren sich dabei von Kohlenhydraten, die in den Lebensmitteln enthalten sind. Sie zersetzen diese unter Freisetzung unterschiedlichster Stoffe – von Milchsäuren bis Alkohol. Im so entstehenden sauren Umfeld gedeihen gesunde Bakterien, das Wachstum unerwünschter Bakterien und Pilze wird gehemmt. Durch den Fermentationsprozess wird das Lebensmittel vorverdaut und dadurch leichter verdaulich und länger haltbar.

Fermentierte Lebensmittel

Ein großer Teil der fermentierten Lebensmittel wird durch Milchsäuregärung hergestellt: Milchprodukte wie Joghurt, Quark (Topfen), Kefir, Sauer- und Buttermilch, Käse, Tofu und Tempeh, aber auch Gemüse wie Sauerkraut und Kimchi.

Für Essig und Sauerteig sind Essigsäurebakterien verantwortlich, zur Herstellung von Schimmelkäse verwendet man Edelschimmelpilze, für die Produktion von Sojaprodukten (Miso, Tempeh, Sojasauce) den Kōji-Pilz. Die Fermentation bei der alkoholischen Gärung von Bier, Wein oder Whisky erfolgt hefebasiert. Darüber hinaus gibt es noch die Fermentation durch „Scobys" (Symbiotic community of bacteria and yeast) – Mischwesen aus Bakterien und Hefen, z. B. die Kefirknollen. Sie fermentieren Milch zu Kefirmilch.

Gemüse und Obst

Fermentation bietet viele Möglichkeiten, Gemüse, Kräuter und Obst zu veredeln. Feste Gemüsesorten wie Kraut, Kohl, Karotten oder Kürbis eignen sich besonders gut zum Fermentieren. Gemüse mit hohem Wassergehalt, z. B. Tomaten, werden schnell matschig. Auch Früchte wie Äpfel, Birnen, Pfirsiche oder

---

INFOBOX

Tempeh: der bessere Tofu

Tempeh ist ein pilzig-nussig schmeckender, vollwertiger Eiweißlieferant aus fermentierten Sojabohnen. Mit seinem hohen Proteingehalt enthält er – ähnlich wie Fleisch – alle essenziellen Aminosäuren. Tofu ist er deutlich überlegen, da er aus ganzen Sojabohnen und nicht nur aus Sojamilch hergestellt wird. Er hat im Vergleich weniger antinutritive Stoffe, d. h. keine Lektine, weniger Phytin- und Oxalsäure, da diese durch die Fermentation reduziert werden. Darüber hinaus ist er eine reichhaltigere Vitamin- und Mineralstoff- sowie Ballaststoffquelle. Wegen seiner sekundären Pflanzenstoffe mit antioxidativer und östrogenähnlicher Wirkung wird er bei Hitzewallungen im Wechsel empfohlen.

Pflaumen können fermentiert werden. Allerdings entwickelt Obst zuerst eine alkoholische Gärung, da auf Früchten mehr Hefen leben.

Joghurt und Kefir – das Beste aus der Milch

Wird Milch fermentiert, verwandeln Milchsäurebakterien Teile des Milchzuckers in Milchsäure – so entstehen Joghurt oder Kefir. Beide gelten als förderlich für die Gesundheit, weil sie unser Mikrobiom im Darm pflegen, indem sie gute Darmbakterien wachsen lassen und schädliche verdrängen.

→ *Joghurt – ein Jungbrunnen für innen und außen*

Es wirkt gleich auf mehreren Ebenen wie ein Jungbrunnen: Joghurt unterstützt nicht nur unser Darm-Mikrobiom, sondern hilft auch, Fettspeicher klein zu halten und kann sogar Altersfalten glätten.

Bei einer spannenden Versuchsreihe am Massachusetts Institute of Technology (MIT) konnten beeindruckende Ergebnisse erzielt werden: Mäuse wurden mit ungesunden, zucker- und fettreichen Lebensmitteln ernährt. Wenig überraschend nahmen alle Tiere zu – am deutlichsten in der Bauchgegend, wo das stoffwechseltechnisch ungesunde Fett sichtbar wird. Als eine Gruppe der Tiere zusätzlich mit Joghurt versorgt wurde, zeigte sich: Trotz der Fastfood-Ernährung legten die Tiere keine Fettdepots an. Ebenso konnte in einer zwölfwöchigen Studie nachgewiesen werden, dass die Einnahme von Lactobacillus plantarum zu mehr Hautglanz, Hautelastizität und verringerter Faltentiefe führt.

→ *Kefir – das Getränk der Hundertjährigen*

Die Kaukasier nennen ihn „das Getränk der Hundertjährigen". Der prickelnde, cremige und erfrischende Kefir wird aus Sauermilch hergestellt, die mit Kulturen des Kefirpilzes versetzt wurde. Im Unterschied zu Joghurt enthält Kefir nicht nur Milchsäure-, sondern auch Essigsäurebakterien und verschiedene Hefen. Deshalb ist er in Konsistenz und Geschmack noch vielseitiger als Joghurt.

Kefir reguliert den Blutdruck, hat antimikrobielle und entzündungshemmende Eigenschaften und verlangsamt das Altern der Zellen. Durch seine vielfältigen Mikroorganismen verbessert er die Darmflora und soll eine positive Wirkung bei chronischer Müdigkeit, Nervosität, Schlafstörungen, Allergien, Erkrankungen der Leber und Gallenblase, Herzerkrankungen, Magengeschwüren und Darmkrämpfen haben sowie Gedächtnisleistung und Aufmerksamkeit steigern. Sein hoher

> **→ ONLINE-BUCHBONUS 12**
>
> *Selbst fermentieren – Praxistipps*
> *Fermentiertes ist besonders gesund. Diese wertvollen probiotischen Lebensmittel können in Bioqualität, ohne Zusatzstoffe und nach persönlichen Geschmack auch ganz einfach selbst hergestellt werden. Erfahren Sie, wie Joghurt, Kefir & Co entstehen (siehe Seite 158).*

Eiweißgehalt sorgt für ein langanhaltendes Sättigungsgefühl.

Kefir kann als Erfrischungsgetränk sowie als Joghurt- und Buttermilchersatz eingesetzt werden. Um das Gleichgewicht der Darmflora zu erhalten, sollte jedoch nicht mehr als ein Liter pro Tag getrunken werden. Traditioneller Kefir ist übrigens fast laktosefrei. Achtung: Industriell hergestellter Kefir wird meist nicht mit dem traditionellen tibetanischen oder kaukasischen Milchpilz hergestellt und hat dadurch nur eine verringerte positive Wirkung auf die Gesundheit.

INFOBOX

Mit Steinsalz kochen und fermentieren

Beim Salzkauf kann man zwischen Meer-, Stein- und Siedesalz wählen. Alle drei sind ursprünglich Meersalze. Sie unterscheiden sich durch ihr Alter, die Art ihrer Gewinnung und die Belastung durch Umweltfaktoren.

Steinsalz ist urzeitliches Meersalz und die edelste Form des Salzes: Entstanden vor etwa 100 Millionen Jahren durch Austrocknung der Frühmeere, wird es in Bergwerken abgebaut. Naturbelassenes Salzgestein in reinster Form wird aus dem Salzstollen herausgebrochen und unraffiniert verwendet. Es enthält auch zahlreiche andere wertvolle Mineralstoffe. Die bekannteste Steinsalzvariante ist das rosafarbene „Himalayasalz", das in den pakistanischen Ausläufern des Himalaya abgebaut wird. Auch im steirischen Ausseerland gibt es ein Abbaugebiet mit dem notwendigen Reinheitsgrad.

Normales Kochsalz wird in Form von Sole aus dem Gestein gelöst und als getrocknetes Siedesalz verkauft. Es ist raffiniert und von den meisten Spurenelementen und Mineralien befreit, sodass reines Natriumchlorid zurückbleibt. Dem klassischen Kochsalz fehlen deshalb zahlreiche wertvolle Inhaltsstoffe, die wir im unraffinierten Steinsalz finden: Kalzium, Magnesium, Kalium, Eisen, Zink und weitere lebenswichtige Spurenelemente. Aus diesem Grund und auch weil es mitunter Chemikalien wie etwa Rieselhilfen enthält, können wir raffiniertes Kochsalz nicht empfehlen.

Meersalz ist deutlich jünger. Es wird in Salzgärten an flachen Ufern von Meeren und Salzseen gewonnen, indem man Wasser in künstlich angelegte Becken leitet. Durch Verdunstung bleiben auskristallisierte Salzschichten zurück, die geerntet werden. Meersalz enthält meist Schwermetalle, Mikroplastik und andere Verunreinigungen – anders als Steinsalz, denn zum Entstehungszeitpunkt der alpinen Salzlagerstätten gab es noch kein Mikroplastik, keinen Schiffsverkehr und keine Luftverschmutzung. Wann immer möglich, sollte das mineralstoffhaltige, unbelastete Steinsalz („Ursalz" oder „Himalayasalz") das Salz Ihrer Wahl sein.

Jungbrunnen-Rezepte

Es ist so weit: Mit unseren 24 schmackhaften und stoffwechseltypgerechten Rezepten wollen wir Ihnen die Jungbrunnen-Küche beispielhaft näherbringen. Genießen Sie die köstlich schmeckenden bunten Gerichte, die mit zahlreichen Jungbrunnen-Stoffen verwöhnen, satt und glücklich machen.

Unsere Rezepte lassen sich in 30 bis 60 Minuten zubereiten. Man kann sie nach Verfügbarkeit, Geschmack und Improvisationslust variieren. Nutzen Sie als Basis dafür unsere Empfehlungsliste für lagerbare und frische Jungbrunnen-Lebensmittel (siehe Buchklappe). So können Sie stets aus dem Vollen schöpfen, ohne viel Zeit beim Einkaufen zu verlieren.

Für jeden Stoffwechseltyp gibt es acht Rezepte, wobei Sie bei jedem Rezept auch Adaptionen für die beiden anderen Stoffwechseltypen finden. Da jeder Stoffwechsel aber individuell ist und mehr oder weniger vom Durchschnitt abweicht, empfehlen wir Ihnen auch zu experimentieren: Verwenden Sie durchaus mehr oder weniger Fett, Eiweiß oder Kohlenhydrate – ganz wie es Ihnen persönlich guttut. Und wer zwischendurch wenig Zeit hat oder nicht kochen will, darf sich auf Ideen und Rezeptvorschläge für die schnelle Jungbrunnen-Küche (ab Seite 148) freuen.

Bewertung des Jungbrunnen-Effekts

Bei jedem Rezept finden Sie eine „Jungbrunnen-Effekt-Bewertung", in der wir als Orientierungshilfe die Wirkungen jedes Gerichtes in Bezug auf Gesundheit und Anti-Aging-Effekt zusammenfassen (siehe auch „Jungbrunnen-Werkzeuge" Seite 45 und „Jungbrunnen-Effekt-Matrix" in der Buchklappe). Unsere Bewertung stellt keinen Anspruch auf Vollständigkeit – sie soll lediglich Orientierung und Motivation sein und Ihnen zeigen, wie Sie sich und Ihrem Körper mit der Jungbrunnen-Küche jeden Tag etwas Gutes tun können, das auch noch lecker schmeckt.

Jungbrunnen-Effekte

→ **Autophagie:** Durch bestimmte Stoffe wie Spermidin wird der verjüngende Prozess der Autophagie, der Zellreinigung, gefördert. Je mehr Punkte auf unserer Skala, desto besser kommt der Autophagie-Prozess durch das jeweilige Rezept in Gang (siehe Seite 46).

→ **Darmgesundheit:** Hier wird die Menge an Ballaststoffen (Präbiotika), die unser Darmmikrobiom unterstützen, als auch die Menge an gesunden Bakterien (Probiotika), etwa durch fermentierte Lebensmittel, bewertet. Ein gesunder Darm hält uns ganzheitlich jung, gesund und glücklich (siehe Seite 92).

INFOBOX

Stoffwechseltypgerechte Ernährung

Der Stoffwechsel eines Menschen ist so einzigartig wie sein Fingerabdruck. Dementsprechend individuell sind seine Nährstoffbedürfnisse. Jeder Stoffwechseltyp benötigt Makro- und Mikronährstoffe in unterschiedlicher Menge und/oder Zusammensetzung.

Der Eiweiß-Typ braucht eine fett- und eiweißreiche, aber kohlenhydratarme Kost. Fisch, Hülsenfrüchte, Fleisch, Pilze, Nüsse und reichlich Gemüse sind gut für ihn. Kohlenhydrate verdaut er zu schnell und sie machen ihn hungrig.

Der Kohlenhydrat-Typ kann aus Beilagen wie Getreide und Gemüse eine Hauptspeise machen. Mit komplexen Kohlenhydraten und vegetarischer Pflanzenkost ist er bestens bedient.

Der Misch-Typ ist an eine Ernährung angepasst, die alle Nährstoffquellen in einem ausgewogenen Verhältnis berücksichtigt. Stoffwechselprobleme entstehen durch zu einseitige Ernährung, wie Trennkost oder Paläo-Diät. Am besten fühlt er sich mit einer Mischkost.

Ausführliche Informationen zur Stoffwechseltypen-Lehre finden Sie in unseren Büchern „Der Jungbrunnen-Effekt" und „Der Jungbrunnen-Effekt – Mein Praxisbuch".

→ **Glykation/Blutzucker:** Ein niedriger Blutzuckerspiegel wirkt lebensverlängernd, u. a. weil er den Alterungsprozess der Glykation, die Entstehung der AGES, reduziert. Manche Lebensmittel erhöhen den Blutzucker stärker als andere. Einige Substanzen sind sogar in der Lage, den Blutzuckerspiegel zu senken, während andere die Entstehung der AGEs selbst hemmen. Je besser der Blutzuckerspiegel durch ein bestimmtes Rezept reguliert wird und je stärker einzelne Inhaltsstoffe die Entstehung der gefürchteten AGEs reduzieren, desto mehr Punkte gibt es (siehe Seite 56).

→ **Omega-3:** Diese Fettsäuren gehören zu den wichtigsten Anti-Aging-Substanzen, zumal die meisten Menschen unter einem Mangel daran leiden (siehe Seite 50). Je mehr gesunde Omega-3-Fettsäuren, vor allem DHA und EPA, ein Rezept enthält, desto mehr Punkte können wir vergeben.

→ **Senolytika:** Seneszente Zellen („Zombie"-Zellen) beschleunigen den Prozess der Alterung. Durch bestimmte Pflanzenstoffe wie Quercetin oder Fisetin, sogenannte Senolytika, werden diese Alterungstreiber aus dem Körper entfernt und unterstützen somit die Verjüngung des Körpers.

→ **Sirtuine/Antioxidantien:** Zahlreiche sekundäre Pflanzenstoffe wie Carotinoide, Polyphenole oder Sulforaphan aktivieren die Sirtuine, unsere Zell-Reparaturtruppen, die wesentlich die Verjüngung unseres Körpers unterstützen. Darüber hinaus reduzieren sekundäre Pflanzenstoffe gemeinsam mit anderen Antioxidantien wie natürlichen Vitaminen, Mineralien und Spurenelementen den oxidativen Stress im Körper (siehe Seite 66).

ERFAHRUNGSBOX

Margit Fensl

Typgerechte Jungbrunnen-Ernährung

Mein Vater starb, als ich 17 Jahre alt war – ein unendlich großer Schmerz für mich.

Als Polizist hatte er oft Schichtdienst, ich habe selten gesehen, dass er sich ausruhte, erinnere mich vielmehr daran, dass er ununterbrochen arbeitete. Sein Cortisolspiegel war wohl sehr hoch. Zehn Jahre vor seinem Tod erlitt er einen Herzinfarkt, dem schließlich weitere folgten.

Lange Zeit war mein Vater schlank und sehr aktiv gewesen. Dann legte er stark an Gewicht zu, ernährte sich nicht typgerecht, viel zu fettreich, mit falschen Ölen, zu viel Eiweiß und leeren Kohlenhydraten. Er aß gerne Plundergebäck und vor allem Schmalz- und Wurstbrote, Speck und Schnitzel. Abends gab es oft Schinken-Käse-Toast, danach Salzstangen und Kekse, dazu Softdrinks. Wenn er zu Obst griff, dann gleich zu einem Kilo Pfirsiche auf einmal, was zu einem raschen Anstieg des Blutzuckerspiegels geführt haben muss. Hoch waren auch sein Cholesterinspiegel und sein Blutdruck. Sehr selten kamen Beerenobst, Gemüse, Hülsenfrüchte, Fisch, Olivenöl oder Nüsse auf den Tisch.

Während seiner Krankheit rieten ihm die Ärzte, von Schmalz auf Sonnenblumenöl, Maiskeimöl und Diätmargine (damals noch mit Transfetten) umzusteigen. Doch damit schüttete er wohl noch Öl ins Feuer. Weder die behandelnden Ärzte noch mein Vater ahnten, dass diese Ernährung mit ihren vielen Omega-6-Fettsäuren das Krankheitsbild verschlechtern und erheblichen Schaden an seinem Körper anrichten würde. Oft frage ich mich, ob er, wenn er sich anders ernährt hätte, heute noch leben würde.

Das Schicksal meines Vaters hat mich letztendlich dazu bewogen, Ernährungswissenschaften zu studieren und mich mit der Traditionellen Chinesischen Medizin und den Stoffwechseltypen auseinanderzusetzen. Und so therapiere ich meine KlientInnen seit über zehn Jahren mit ganzheitlichen und individuellen Ernährungsmethoden, teste Stoffwechseltyp und Nahrungsmittelunverträglichkeiten aus. Die Erfolge meiner KlientInnen zeigen mir, dass ich den richtigen Weg eingeschlagen habe.

Mit diesem Buch und mit meinen Ernährungsberatungen möchte ich so viele Menschen wie möglich darauf aufmerksam machen, wie wichtig ein typgerechtes Essen mit reichlich Jungbrunnen-Nährstoffen für ein gesundes und langes Leben ist.

EIWEISS-TYP

Kraftsuppe für mehr Lebensenergie

Diese Kraftsuppe nach TCM-Prinzip weckt Ihre Lebensgeister und spendet Energie. Trotz langer Kochzeit (Suppe köchelt über Nacht) ist das Rezept schnell zubereitet.

→ **Für 4 Liter Suppe auf Vorrat**

4 l Wasser
500 g Wurzelgemüse
2 Selleriestangen
2 Pilze, z. B. Shiitakepilz und Kräuterseitling
1 Zwiebel mit Schale
3 Lorbeerblätter
3 Zweige Liebstöckel
3 Nelken
4 Wacholderbeeren
4 schwarze Pfefferkörner
2 Kardamomkapseln
½ TL Kümmel
½ TL Koriander, ganz
je 1 Scheibe Ingwer und Kurkuma
ca. 10 cm Wakamealge
2 Hühnerkeulen ohne Haut
1–2 Petersilienstängel
2 TL Steinsalz

1 Wasser zum Kochen bringen. Geputztes und zerkleinertes Wurzelgemüse, geschnittene Selleriestangen und die halbierten Pilze zufügen.

Zwiebel mit Schale (gibt der Suppe eine schöne Farbe), Lorbeerblätter und Gewürze sowie einen Streifen Wakamealge zugeben.

2 Die Hühnerkeulen und 1–2 Petersilienstängel zugeben, aufkochen, schwach wallend köcheln lassen und den Schaum immer wieder abschöpfen. Nach etwa 30 Minuten den Deckel dicht verschließen und 6–12 Stunden köcheln lassen. In der TCM geht es beim Kochen darum, das Essen mit Qi (Lebensenergie) anzureichern. Dieses steigt, je länger die Suppe kocht. Will man das Fleisch essen, nimmt man es nach 1 Stunde heraus. Die Knochen werden weitergekocht. Am Ende der Kochzeit die Suppe durch ein Sieb gießen, restliche Zutaten entfernen. Die Suppe nach Geschmack mit gehackter Petersilie bestreuen.

Für den extra Jungbrunnen-Kick fügen Sie der Suppe kurz vor dem Servieren frisches Gemüse hinzu und kochen es ein paar Minuten mit. Bestens geeignet: Shiitakepilze, Kräuterseitlinge, Champignons, Stangensellerie, Karotten, Erbsen, Blumenkohl und grüne Bohnen.

MISCH-TYP: Ergänzend etwas Wildreis oder Buchweizen 20 Minuten in der Suppe kochen lassen (mit verschlossenem Deckel).
KOHLENHYDRAT-TYP: Statt des Fleisches mehr Gemüse zugeben. Sonst wie beim Mischtyp.

→ **TIPP Klare Suppe heiß in Glasflaschen abfüllen. Hält sich mindestens zwei Wochen im Kühlschrank.**

JUNGBRUNNEN-EFFEKTE

- Autophagie *
- Darmgesundheit **
- Glykation/Blutzucker **
- Senolytika *
- Sirtuine/Antioxidantien **

EIWEISS-TYP

Pfiffiger Pilzzauber mit Parmesan

Dieser würzig-warme Pilzsalat begeistert mit vielfältigen Geschmäckern und unterstützt neben Darmflora und Immunsystem auch die Autophagie.

→ **Für 1 Person**

Für die Fisolen-Pilz-Mischung
100 g grüne Bohnen (Fisolen)
1 TL Butter
1 rote Zwiebel
150 g gemischte Pilze, z. B. Kräuterseitlinge, Shiitake, Austernpilze, Steinpilze, Pfifferlinge (Eierschwammerl)
2 TL Butterschmalz
je 1 Zweig Rosmarin, Oregano, Thymian

Für die Apfel-Nuss-Mischung
½ Apfel
3 Kapern, gehackt
8 Walnusshälften
je 1 EL Kürbis- und Sonnenblumenkerne
Steinsalz
Pfeffer
1 TL Kürbiskernöl

Für die Garnitur
30 g Parmesan
Gänseblümchen
Oregano- und Lavendelblüten

1 Grüne Bohnen waschen, Enden abschneiden, dann in einen Topf mit wenig kochendem Wasser geben. Auf kleiner Flamme 5–7 Minuten bissfest kochen, abseihen, kalt abschrecken (bleiben knackiger). Die Bohnen schräg halbieren und mit Butter in einer Schüssel schwenken.

Rote Zwiebel schälen und in feine Ringe schneiden. Pilze putzen, in Scheiben schneiden. Butterschmalz in einer Pfanne erwärmen und die Zwiebel darin anschwitzen. Pilze, Rosmarin, Oregano und Thymian zugeben und für weitere 4 Minuten braten.

2 Apfel in feine Scheiben schneiden, Kapern ebenfalls schneiden; Nüsse und Kerne mit allen anderen Zutaten außer dem Kernöl in einer Schüssel mischen. Auf einem Teller anrichten, mit Kürbiskernöl beträufeln. Parmesan darüberhobeln. Mit Blüten verzieren.

Schmeckt auch köstlich mit Jungrindstreifen: 50 g Jungrindstück in kochendes Wasser geben und 10 Minuten kochen lassen. Herausnehmen, kurz auskühlen lassen und in feine Streifen schneiden. Unter den Salat mischen.

MISCH-TYP: Dazu schmeckt Hirse. 20 g davon mit der doppelten Menge Wasser für 15 Minuten auf kleiner Stufe köcheln lassen. Ohne Parmesan.
KOHLENHYDRAT-TYP: Mengenmäßig insgesamt weniger; Pilze ohne Fett dünsten. Dazu passt Hirse. 30 g davon mit der doppelten Menge Wasser für 15 Minuten auf kleiner Stufe köcheln lassen.
→ **TIPP** Für die To-go-Variante: Alle Zutaten in ein Einmachglas geben und schütteln.

JUNGBRUNNEN-EFFEKTE

- **Autophagie** ***
- **Darmgesundheit** **
- **Glykation/Blutzucker** **
- **Omega-3** *
- **Senolytika** **
- **Sirtuine/Antioxidantien** ***

EIWEISS-TYP

Göttliches Gewürz-Tempeh

Mit diesem außergewöhnlichen Sinnesgenuss aktivieren Sie nicht nur Ihre Geschmacksnerven, sondern auch Ihre Sirtuine.

→ **Für 1 Person**

Für den Tempeh mit Blumenkohl und Kürbis/Tomate
200 g Hokkaido-Kürbis oder
70 g Rispentomaten
90 g Tempeh
70 g Blumenkohl (Karfiol)
1 TL Garam Masala
1 EL Kokosöl
1 kleines Stück Ingwer, gehackt
1 Knoblauchzehe, gehackt
¼ TL Kurkuma
¼ TL rotes Chilipulver
100 ml Kokosmilch
Pfeffer, Salz nach Geschmack

Für Blattspinat und Kohl
30 g Blattspinat
50 g Kohl (Kraut) oder Rotkohl (Rotkraut)
2 TL Leinöl

etwas schwarzer oder weißer Sesam

1. Kürbis schneiden und in wenig Wasser weich kochen. Mit Wasser pürieren. Im Sommer frische Tomaten statt Kürbis verwenden; diese roh pürieren.

2. Tempeh in Würfel schneiden und in eine Schüssel geben. Blumenkohl waschen und in kleine Röschen zerteilen. Zum Tempeh in die Schüssel geben und mit Garam Masala mischen. Eine Pfanne mit dem Öl leicht erhitzen, Ingwer, Knoblauch, Kurkuma, Chili, Tempeh und Blumenkohl zufügen und leicht anbraten. Kürbis zum Tempeh geben.
Kokosmilch, Salz und Pfeffer unterrühren. Hitze reduzieren und für 15 Minuten fertig garen, bis es etwas eindickt.

3. Spinat waschen, Spinat und Kohl in feine Streifen schneiden, mit dem Leinöl beträufeln und auf einem Teller anrichten. Blumenkohl darübergeben und mit Sesam bestreuen.

Dazu können als Beilage 2 EL gekochte Hirse gereicht werden.

MISCH-TYP: Nur 70 g Tempeh. Für die Beilage 40 g Hirse mit der doppelten Menge Wasser 15 Minuten kochen.
KOHLENHYDRAT-TYP: Zum Braten nur 2 TL Kokosöl, nur 50 g Tempeh. Für die Beilage 50 g Hirse mit der doppelten Menge Wasser 15 Minuten kochen.

JUNGBRUNNEN-EFFEKTE

- **Autophagie** ***
- **Glykation/Blutzucker** *
- **Omega-3** *
- **Sirtuine/Antioxidantien** ***

EIWEISS-TYP

(o)MEGA-Lachs mit aktiviertem Blumenkohl

Dieses schmackhafte Lachs-Gemüse-Gericht punktet mit reichlich Omega-3 und durch die zellschützende Wirkung des aktivierten Blumenkohls.

→ Für 1 Person

Für den aktivierten Blumenkohl
200 g Blumenkohl (Karfiol)
5 Safranfäden
1 EL Butterschmalz
¼ TL Kurkuma
20 ml Sahne (Obers)

Für den Wildlachs
2 TL Kokosöl
150 g Wildlachs
Pfeffer, Salz

Für die Garnitur
30 g Jungspinatblätter oder
Feldsalat (Vogerlsalat)
1 TL Olivenöl
½ EL Essig
12 schwarze Oliven, entkernt
etwas Chilipulver
½ Avocado

1 Blumenkohl waschen und in kleine Röschen teilen, Röschen im Mixer zu reiskorngroßen Stücken zerkleinern. Den zerkleinerten Blumenkohl 5 Minuten rasten lassen. Safranfäden in 8 EL lauwarmem Wasser in einer Schüssel einweichen. Dann Butterschmalz in einer Pfanne erhitzen. Den Blumenkohl mit Kurkuma unter mehrmaligem Rühren in der Pfanne 10 Minuten garen, Safran samt Wasser zufügen, die Sahne darübergießen und kurz weitergaren lassen.

2 Kokosöl in einer Pfanne erhitzen, den Lachs beidseitig anbraten. Pfeffern und salzen.

3 Jungspinat waschen, mit Olivenöl und Essig marinieren und mit entkernten Oliven und Chili mischen. Die Avocado entkernen, das Fruchtfleisch mit einem Löffel aus der Schale lösen und in Scheiben schneiden.

Den Lachs auf einem Teller anrichten. Aus dem fertigen „Blumenkohl-Risotto" mit einem Löffel Nocken formen und diese mit den Avocado-Scheiben auf den Teller legen. Mit Oliven garnieren und mit dem Spinat-Salat servieren.

Dazu können als Beilage 2 EL gekochte Hirse gereicht werden.

MISCH-TYP: Hellen Thunfisch (statt Lachs) im Backofen garen. Dazu 3 EL gekochte Hirse reichen.
KOHLENHYDRAT-TYP: Die Sahne durch Mandeldrink ersetzen. 80 g helles Thunfischsteak im Backofen garen. Nur eine ¼ Avocado, 4 EL gekochte Hirse als Beilage.

JUNGBRUNNEN-EFFEKTE

- Autophagie *
- Glykation/Blutzucker **
- Omega-3 ***
- Sirtuine/Antioxidantien ***

EIWEISS-TYP

Sagenhafter Seesaibling an grünem Spargel

Spargel und viele sirtuinaktivierende Kräuter perfektionieren den Omega-3-reichen Seesaibling geschmacklich und in seinem Jungbrunnen-Effekt.

→ **Für 1 Person**

Für den grünen Spargel
9 Stangen grüner Spargel
1 EL Butterschmalz

Für den Saibling
ca. 200 g Seesaiblingsfilet
1 EL Butterschmalz
Salz

Für die Garnitur
je 4 EL Thymian-, Rosmarin-, Salbei- und Oreganoblätter
10 Spinatblätter, frisch
1 TL Olivenöl
6 Erdbeeren
Salz, Pfeffer

1. Holzige Spargel-Enden abschneiden. Butterschmalz in einer Pfanne erhitzen und den Spargel ca. 8 Minuten rundum anschwitzen. Dann herausnehmen.

2. Fisch mit dem Butterschmalz 4–5 Minuten anbraten, wenden und noch 4–5 Minuten fertig garen. Mit Salz würzen.

3. Kräuter und Spinatblätter klein schneiden. Die Kräuter mit dem Spinat und dem Olivenöl mischen. Spargel auf einem Teller anrichten und mit halbierten Erdbeeren garnieren. Den gebratenen Fisch dazulegen und mit dem Kräuter-Spinat-Topping belegen. Mit Salz und Pfeffer würzen.

Dazu passen 2 EL gekochte Hirse.

MISCH-TYP: 120 g Zander (statt Seesaibling) auf ein Backblech legen und im Backofen 10–15 Minuten bei 170 °C garen. Dazu etwa 3 EL gekochte Hirse.
KOHLENHYDRAT-TYP: Den Spargel in wenig Wasser bissfest kochen. 100 g Zander (statt Seesaibling) im Backofen garen, dazu 5 EL gekochte Hirse reichen.

JUNGBRUNNEN-EFFEKTE

- **Darmgesundheit** **
- **Glykation/Blutzucker** **
- **Omega-3** ***
- **Sirtuine/Antioxidantien** ***

EIWEISS-TYP

Glücks-Garnelen auf zarten Karottennudeln

Leckere Garnelen, kombiniert mit bunten sirtuinaktivierenden Beeren, Kräutern und Gemüsen, machen diese Kreation zu einem köstlichen Anti-Aging-Genuss.

→ **Für 1 Person**

Für die Zuckererbsenschoten mit Stangensellerie und Karottennudeln
100 g Zuckererbsenschoten
1 TL Olivenöl
2 Karotten
2 TL Kokosöl
2 Stangen Sellerie

Für die Safran-Sojasauce
3 Safranfäden
½ EL Ingwer, frisch gerieben
½ EL Kurkuma, frisch gerieben
1 EL Sesam
1 EL Sojasauce (glutenfrei)

Für die Garnelen
1 TL Kokosöl
150 g Garnelen

Für die Garnitur
10 Heidel- oder Johannisbeeren
je ein Zweig Oregano, Bohnenkraut und Thymian
5 Basilikumblätter
Oreganoblüten
gelbe Blüten (Löwenzahn, Stiefmütterchen, Zucchiniblüten, Ringelblumen)

1 Zuckerschoten in wenig kochendem Wasser für 3 Minuten blanchieren, abgießen und mit kaltem Wasser abschrecken. Zuckerschoten schräg durchschneiden und in einer Schüssel mit dem Olivenöl schwenken.
Karotten schälen und mit einem Spiralschneider oder Sparschäler in lange dünne Streifen (Nudeln) schneiden. Karottennudeln 7–10 Minuten in 1 TL Kokosöl anbraten, dann in eine Schüssel geben. Stangensellerie in Stücke schneiden und in 1 TL Kokosöl 5 Minuten anbraten.

2 Safranfäden 15 Minuten in wenig warmem Wasser einweichen, damit sich die Inhaltsstoffe entfalten. Safran und Wasser mit dem geriebenen Ingwer und der Kurkuma, dem Sesam und der Sojasauce vermischen.

3 Kokosöl in der Pfanne erhitzen, Garnelen und Sauce zugeben für 2 Minuten anbraten, umrühren und kurz weiter erhitzen.

4 Karottennudeln auf einen Teller geben, Zuckererbsenschoten und Stangensellerie zufügen und mit den Garnelen anrichten. Mit Beeren, Kräutern, Basilikum und Blüten garnieren.

MISCH-TYP: Dazu 1 Süßkartoffel waschen, in Spalten schneiden und im Backofen bei 180 °C 30 Minuten braten. Pastinaken statt Karotten.
KOHLENHYDRAT-TYP: Karottennudeln und Stangensellerie bissfest in Wasser kochen. Dazu 1 Süßkartoffel waschen, in dünne Spalten schneiden und mit einem kleinen Zanderfilet (statt Garnelen) bei 180 °C im Backofen für 30 Minuten braten.

JUNGBRUNNEN-EFFEKTE

- **Autophagie ***
- **Darmgesundheit ***
- **Glykation/Blutzucker ****
- **Omega-3 ****
- **Senolytika ***
- **Sirtuine/Antioxidantien *****

EIWEISS-TYP

Tausend-Kräuter-Wald-und-Wiesen-Ragout

Das würzige Wildragout sorgt mit aromatisch-polyphenolreichen Kräutern und Wurzelgemüsen für einen satten Jungbrunnen-Effekt.

→ Für 1 Person

Für das Wildragout
2 Lorbeerblätter
½ TL schwarze Pfefferkörner
1 TL Korianderkörner
3 Wacholderbeeren
1 Zweig frischer oder
1 TL getrockneter Thymian
1 TL Salz
180 g Hirschfleisch aus der Schulter
1 Karotte
1 Gelbe Rübe
1 kleines Stück Knollensellerie
1 kleine Petersilienwurzel
1 kleine Zwiebel
3 EL saure Sahne (Sauerrahm)
schwarzer Pfeffer

Für die Polenta
2 EL Butter
30 g Polenta
150 ml Gemüsesuppe
Salz und Pfeffer

3 Salatherzenblätter
1 EL gehackte Petersilie und Thymian

1 500 ml Liter Wasser in einen Topf geben und mit den Lorbeerblättern, den Pfeffer- und Korianderkörnern, den Wacholderbeeren, dem Thymian und knapp 1 Teelöffel Salz aufkochen. Das Fleisch abspülen und in kleine Stücke schneiden. In den Topf geben, etwa 45 Minuten auf dem Siedepunkt halten und garen, bis es weich ist.

2 Karotte, Gelbe Rübe, Sellerie und Petersilienwurzel und Zwiebel putzen, schälen, klein würfeln und zum Fleisch geben. Nochmals 30 Minuten kochen lassen.

3 Hirschfleisch aus der Suppe nehmen. Das Gemüse aus der Suppe nehmen und mit dem Pürierstab mixen. Suppe beiseitestellen.

4 150 ml Wildsuppe mit der Butter aufkochen, Polenta einrühren und unter Rühren quellen lassen, salzen und pfeffern. Den Brei auf ein mit Backpapier ausgelegtes kleines Blech 1 cm dick aufstreichen und im Backofen bei 150 Grad für 10 Minuten garen. In Stücke schneiden.

5 Etwas Wildsuppe zum Gemüsepüree geben, saure Sahne verrühren und zugeben. Fleisch zufügen.

6 3 Salatblätter in kleine Schüssel geben und Polentaecken darüberlegen. Das Wildragout auf einem Teller anrichten und mit Kräutern bestreuen.

MISCH-TYP: Nur 120 g Fleisch und mehr Polenta.
KOHLENHYDRAT-TYP: Mehr Polenta, aber mit weniger Butter. Statt Wildfleisch 100g Huhn (30 Minuten kochen) oder 50 g Tempeh (in Würfel schneiden und 10 Minuten mitkochen lassen). Sauce ohne Rahm.

JUNGBRUNNEN-EFFEKTE

- Autophagie *
- Darmgesundheit **
- Glykation/Blutzucker ***
- Omega-3 *
- Sirtuine/Antioxidantien **

EIWEISS-TYP

Himmlischer Chiapudding

Dieses gesunde Dessert ohne Zuckerzusatz lässt sich schnell zubereiten und schmeckt überirdisch gut.

→ Für 1 Person

Für den Chia-Pudding
4 TL Chiasamen
100 ml Kokosmilch

Für Apfelmus, Mandelmus und Joghurt
2 EL Mandelmus
5 EL Apfelmus (ohne Zuckerzusatz)
3 EL Joghurt 3,6 %

Für die Garnitur
2 Mandeln, gehackt
1 TL Roh-Kakaopulver
etwas Zimtpulver
10 Heidelbeeren

1. Chiasamen in Kokosmilch einweichen und für mind. 1 Stunde oder über Nacht im Kühlschrank stehen lassen.

2. In ein Glas Mandelmus, Apfelmus und Joghurt geben. Anschließend mit Chiabrei übergießen.

3. Mit gehackten Mandeln, Roh-Kakaopulver sowie Zimt und Beeren garnieren.

MISCH-TYP: 6 EL Apfelmus und nur 1 EL Mandelmus, zusätzlich etwas Matchapulver.
KOHLENHYDRAT-TYP: 3 EL Mandeljoghurt (statt Joghurt), 7 EL Pfirsich- oder Mangomus (statt Apfelmus) und nur 1 EL Mandelmus, zusätzlich etwas Matchapulver.

→ **TIPP** Im Winter den Chiabrei und das Apfelmus etwas anwärmen.

JUNGBRUNNEN-EFFEKTE

- **Autophagie** **
- **Darmgesundheit** ***
- **Glykation/Blutzucker** *
- **Omega-3** *
- **Senolytika** **
- **Sirtuine/Antioxidantien** **

KOHLENHYDRAT-TYP

Sonniger Regenbogensalat mit Quinoa

Je bunter der Salat, desto mehr sekundäre Pflanzenstoffe und Jungbrunnen-Effekte. Dazu harmonieren Quinoa und zellreinigende Kapern.

→ Für 1 Person

Für die Quinoa
½ Tasse (ca. 50 g) Quinoa

Für Pilze und Salat
½ rote Zwiebel
1 TL Olivenöl
150 g Kräuterseitlinge oder Steinpilze, Pfifferlinge (Eierschwammerl) etc.
1 Zweig Thymian
Steinsalz und etwas Chilipulver
Salatblätter (z. B. 5 Blätter Kopfsalat, 5 Blätter Radicchio)
1 Chicorée

Für das Gemüse
¼ rote Paprika
¼ gelbe Paprika
1 Radieschen
1 Karotte
4 Cocktailtomaten
1 Stange Sellerie
10 Kapern oder 1 EL fermentierte Radieschen

Für Marinade und Garnitur
Olivenöl, etwas geschälte, pürierte Zitrone
Steinsalz
½ Avocado
30 g Büffelmozzarella oder Tofu
Kräuter nach Geschmack
einige Johannisbeeren
1 EL Nüsse und Kürbiskerne

1 Am Vortag Quinoa unter fließendem Wasser waschen und in Wasser einweichen. Am nächsten Tag Wasser abgießen und mit der doppelten Menge Wasser laut Verpackung kochen, bis kleine weiße Fäden sichtbar werden. Quinoa abgießen und beiseitestellen.

2 Zwiebel würfelig schneiden, mit Olivenöl anschwitzen. Geschnittene Kräuterseitlinge zugeben, leicht anbraten. Die letzten 3–4 Minuten den Thymian zugeben. Zum Schluss etwas Steinsalz und Chili zufügen.
Salate waschen und in mundgerechte Stücke reißen, Gemüse waschen und in Stücke schneiden.
Quinoa, Salate, Gemüse und Kapern mit Olivenöl, Zitronenpüree und Steinsalz marinieren und auf Tellern anrichten.

3 Die halbe Avocado daraufsetzen und mit Mozzarella oder Tofu füllen. Mit Kräutern, Beeren und Nüssen garnieren.

Dazu passen 1–2 Schnitten Vollkorn-Roggenbrot (siehe Seite 128).

MISCH-TYP: Ohne Avocado, ohne Brot. 1–2 EL Parmesan grob reiben und darüberstreuen.
EIWEISS-TYP: Zum Mozzarella ein Ei oder eine gedämpfte Makrele/Sardine. Nur 25 g (statt 50 g) Quinoa. Ohne Brot. 1–2 EL Parmesan grob reiben und darüberstreuen.
→ **TIPP** 1–2 EL fermentiertes Gemüse als Topping.

JUNGBRUNNEN-EFFEKTE

- **Autophagie** *
- **Darmgesundheit** **
- **Senolytika** **
- **Sirtuine/Antioxidantien** ***

KOHLENHYDRAT-TYP

Köstlicher Kräuter-Zander mit Schmorgemüse

Fisch liefert gesundes Eiweiß und Omega-3-Fettsäuren. Dazu schmecken Oliven und Kapern besonders gut und potenzieren den Jungbrunnen-Effekt.

→ Für 1 Person

Für das Fenchel-Tomaten-Gemüse
½ Fenchel
1 Rosmarinzweig
1 Oreganozweig
2 TL Olivenöl
10 Kapern
7 schwarze Oliven
1 geschälte und pürierte Zitrone
1 EL Weißweinessig
4 Cocktailtomaten
⅛ l klare Gemüsesuppe
Blätter von 1 je einem Thymian- und Oregano-Zweig
schwarzer Pfeffer, frisch gemahlen
Steinsalz

Für den Zander mit Kräutern
1 Bogen Pergamentpapier und ein Halbkreis-Garer
1 kleines Zanderfilet
10 Minzblätter
10 Blätter Liebstöckel
je 1 Thymian- und Rosmarinzweig
wenn verfügbar: Bohnenkraut und Estragon, frisch
3 Zitronenscheiben

Für den Wildreis
4 EL gekochter Wildreis

1 Fenchel halbieren, Kräuter zufügen (je nach Wunsch: ganze Zweige oder nur die Blätter) und in 1 TL Olivenöl anbraten, bis er Farbe annimmt. Kurz zur Seite stellen. Kapern und Oliven in 1 TL Olivenöl anbraten. Zitronenpüree und Weißweinessig vermischen, Kapern und Oliven damit ablöschen. Tomaten achteln, zugeben und etwas einkochen lassen. Gemüsesuppe, Thymian, Oregano, Salz und Pfeffer zugeben und alles zum Köcheln bringen. Fenchel einlegen.

2 Pergamentpapier vorbereiten: Jede Ecke des Pergamentpapiers in sich verdrehen, um ein viereckiges „Schälchen" zu formen. Zanderfilet waschen und mit der Haut nach unten auf das Pergamentpapier legen, reichlich Kräuter schneiden und auf den Fisch legen. Zitronenscheiben daraufgeben. Den Halbkreisgarer auf der Pfanne befestigen (einhängen) und den Zander im Pergamentpapier darauflegen. Pfanne mit einem Deckel verschließen und bei mittlerer Hitze ca. 15 Minuten schmoren lassen.

Das Gemüse zwischendurch umrühren.

Den Zander zur Seite stellen und mit einem Deckel zum Warmhalten bedecken. Das Gemüse noch weitere 2–3 Minuten ohne Deckel mit etwas mehr Hitze köcheln lassen, damit die Flüssigkeit eindampft.

Gemüse anrichten, Zander ohne Pergamentpapier dazulegen und mit etwas Olivenöl beträufeln.

3 Mit gekochtem Wildreis auf dem Teller anrichten.

MISCH-TYP: Lachs (statt Zander). Reichen Sie dazu 2 EL Wildreis.
EIWEISS-TYP: Forelle (statt Zander) mit Kräuterbutter, dafür ohne Wildreis servieren.

JUNGBRUNNEN-EFFEKTE

- **Darmgesundheit** *
- **Glykation/Blutzucker** **
- **Omega-3** ***
- **Senolytika** **
- **Sirtuine/Antioxidantien** ***

KOHLENHYDRAT-TYP

Jungbrunnen-Roulade mit Süßkartoffeln

Der vitalstoffreiche Grünkohl hilft Infektionen abzuwehren, steigert die Antikörperproduktion und schmeckt wunderbar mit Süßkartoffeln.

→ Für 1 Person

Für die Kichererbsen
1 Handvoll (ca. 40 g) Kichererbsen

Für Rote Bete und Süßkartoffel-Wedges
1 Rote Bete (Rote Rübe)
1 Süßkartoffel
etwas Olivenöl zum Bestreichen

Für den Grünkohl
6 Blätter Grünkohl
4 Walnüsse (8 Hälften)
3 TL fermentierter Rotkohl (Rotkraut)
2 TL Olivenöl
1–2 EL Zitronenpüree
Salz
Chili
Kümmel, Fenchel und Anis

Für die Garnitur
frischer oder fermentierter Rotkohl (Rotkraut)

1 Kichererbsen über Nacht in kaltem Wasser einweichen. Wasser abgießen und laut Verpackung in frischem Wasser gar köcheln.

2 Rote Bete und Süßkartoffel waschen, Rote Bete vierteln und die Süßkartoffel in Wedges schneiden. Alles mit etwas Olivenöl bestreichen und bei 180 °C 25 Minuten im Backofen garen. Beides warm stellen.

3 Grünkohlblätter waschen und 5 Minuten dämpfen. Danach 3 gedämpfte Blätter für die Rouladen zur Seite stellen und im Ganzen lassen. Die restlichen fein schneiden.

4 Rote Bete (noch warm) klein schneiden und mit den halbierten Walnüssen und den geschnittenen Grünkohlblättern, Kichererbsen und etwas fermentiertem Rotkohl vermengen. Mit Olivenöl, Zitronenpüree, Salz, Chili, zerstoßenem Kümmel, Fenchel und Anis marinieren. Die Masse auf die ganzen Grünkohlblätter geben und Rouladen formen. Diese an einem Ende anschneiden. Die Rouladen auf der geschlossenen Seite aufstellen und oben mit fermentiertem Rotkohl garnieren.

5 Mit den Süßkartoffel-Wedges anrichten.

MISCH-TYP: Pinienkerne (statt Walnüsse). ½ Rote Bete und ½ Süßkartoffel (statt je 1). Gebratenes Huhn, klein geschnitten (statt Kichererbsen).
EIWEISS-TYP: Dazu 1 Handvoll Shiitakepilze oder 70 g Hühnerfleisch mit 1 EL Butterschmalz anbraten. Ohne Süßkartoffel.

JUNGBRUNNEN-EFFEKTE

- Autophagie *
- Darmgesundheit **
- Glykation/Blutzucker **
- Senolytika *
- Sirtuine/Antioxidantien **

KOHLENHYDRAT-TYP

Belebendes Petersilien-Tabouleh

Dieser erfrischende Salat kann gut vorbereitet werden, seine aromatischen Kräuter schützen unsere Zellen und beleben unsere Sinne.

→ Für 1 Person

Für die Kichererbsen-Quinoa-Mischung
¼ kleine Tasse (20 g) Kichererbsen
¼ Tasse (30 g) weiße oder braune Quinoa

Für den Petersilien-Liebstöckel-Minz-Salat
1 Bund Petersilie
Blätter von 1 Liebstöckel-Zweig
1 Handvoll Minze, frisch
½ rote Zwiebel
1 EL geschälte und pürierte Zitrone
4 Cocktailtomaten
¼ Granatapfel

Fürs Dressing
1–2 EL Olivenöl
1 EL Leinöl
frischer schwarzer Pfeffer
Steinsalz
Chili
½ Handvoll Pinienkerne
essbare Blüten

1 Kichererbsen über Nacht einweichen, abspülen und laut Verpackung in frischem Wasser kochen. Gewaschene Quinoa ebenfalls über Nacht einweichen, dann abseihen und mit der doppelten Menge Wasser laut Verpackung kochen, bis weiße Fäden sichtbar sind. Beides abkühlen lassen.

2 Petersilien- und Liebstöckelblätter, Minze und rote Zwiebel grob hacken. Zwiebel ca. 5 Minuten in Zitronenpüree einlegen (nimmt die Schärfe, und man riecht weniger nach Zwiebel). Tomaten kleinwürfelig schneiden. Granatapfelkerne zugeben.

3 Kichererbsen und Quinoa in eine Schüssel geben und mit den anderen Salatzutaten sowie Oliven- und Leinöl, frisch gemahlenem Pfeffer, etwas Steinsalz und Chili marinieren und für einen intensiveren Geschmack im Kühlschrank ziehen lassen.

4 Vor dem Servieren Pinienkerne darüberstreuen und mit essbaren Blüten garnieren.

MISCH-TYP: Dazu 30 g Ziegenkäse oder Parmesan (statt Kichererbsen). Weniger Quinoa.
EIWEISS-TYP: 2 EL Olivenöl (statt 1–2 EL). Quinoamenge halbieren. Mit je ½ Handvoll Nüsse und Parmesan ergänzen.

JUNGBRUNNEN-EFFEKTE

- Autophagie *
- Darmgesundheit *
- Omega-3 *
- Senolytika **
- Sirtuine/Antioxidantien ***

KOHLENHYDRAT-TYP

Bärenstarker Bohnenburger

Schwarze Bohnen machen diese vegane „Eiweißbombe" zu einem polyphenolreichen Sattmacher, der die Sirtuine und das Immunsystem aktiviert.

→ **Für 1 Person**

Für den schwarzen Bohnen-Burger
70 getrocknete schwarze Bohnen oder ½ Dose schwarze Bohnen, 145 g Abtropfgewicht
¼ rote Zwiebel, gehackt, Öl
1 EL Walnüsse, gerieben
3 braune Champignons, fein geschnitten
25 g Haferflocken, fein gemahlen
½ Knoblauchzehe, gepresst
1 TL Senf
1 TL Tomatenmark
1 TL Tahin
½ EL Leinsamen, frisch vermahlen
je 1 TL Bohnenkraut und Petersilie, frisch gehackt
je ¼ TL Kurkuma, Paprikapulver, Kardamom und Koriander, gemahlen
Salz, Pfeffer

Fürs Radieschen-Topping
1 Radieschen
50 g Sojajoghurt

Für die Garnitur
30 g Feldsalat (Vogerlsalat)
1 TL Leinöl
½ Minigurke, in Streifen
2 Cocktailtomaten, halbiert
1 EL Sprossen

1 Getrocknete Bohnen über Nacht in Wasser einweichen. Am nächsten Tag abspülen und mit reichlich frischem Wasser 1 Stunde kochen lassen. (Dosenbohnen abseihen und abspülen.) Gekochte Bohnen in eine Schüssel geben und mit der Gabel zerdrücken oder pürieren. Zwiebel in Öl anbraten und zu den Bohnen geben. Alle restlichen Zutaten für den Burger zufügen, die Masse mit den Händen kneten und 2 Burger daraus formen.

Den Backofen auf 180 °C vorheizen. Burger auf ein Backblech legen und 30 Minuten backen, wenden und nochmals 15 Minuten backen.

2 Für das Topping Radieschen schneiden und mit dem Sojajoghurt mischen.

3 Feldsalat auf den Teller legen. Leinöl, Burger, Gurkenstreifen und Tomaten daraufgeben. Mit Sprossen garnieren und mit dem Topping servieren.

Dazu passen 2 kleine Scheiben selbst gemachtes Vollkornbrot, eventuell kurz getoastet.

MISCH-TYP: Etwas Olivenöl zum Feldsalat. Nur mit 1 Scheibe Vollkornbrot servieren.
EIWEISS-TYP: In einer Pfanne 2 EL Butterschmalz erhitzen und die Burger auf jeder Seite durchbraten. Statt der Bohnen kann auch Hackfleisch genommen werden. Saure Sahne (statt Sojajoghurt). Ohne Brot.

→ **TIPP** Burger halten 2–3 Tage abgedeckt im Kühlschrank.

JUNGBRUNNEN-EFFEKTE

- **Autophagie**
- **Darmgesundheit** **
- **Glykation/Blutzucker** **
- **Omega-3** *
- **Sirtuine/Antioxidantien** ***

KOHLENHYDRAT-TYP

Erdfrüchte-Traum mit frischem Schafskäse

Der bunte Mix aus blutzuckerregulierenden Gewürzen, leistungssteigernder Roter Bete und sirtuinaktivierenden Erdfrüchten macht satt und gesund.

→ Für 1 Person

Für die gebratenen Erdfrüchte
100 g Hokkaidokürbis
1 Süßkartoffel
1 Rote Bete
1 rote Zwiebel
2 Kapseln schwarzer Kardamom
3 Gewürznelken
1 kleines Stück Ingwer, frisch
½ Ceylon-Zimtstange
½ Kurkumaknolle
1 TL Olivenöl
½ Apfel, geschnitten
5 Kapern

Für den Schafskäse
40 g Schafs- oder Ziegenkäse, frisch
1 TL Leinöl
1 TL Kürbiskernöl
Kürbiskerne

1 Kürbis waschen und entkernen. Süßkartoffel und Rote Bete waschen. Das Gemüse achteln. Zwiebel schälen und in kleine Würfel schneiden. Mit dem Gemüse vermischen und mit zerstoßenem Kardamom, Gewürznelken, geriebenem Ingwer, Ceylon-Zimtstange, geriebener Kurkuma und Olivenöl würzen. Alles in den Backofen geben. Bei 180 °C Ober-/Unterhitze 25 Minuten garen.

2 Klein geschnittenen Apfel und Kapern unter das fertig gebratene Gemüse mischen. Schafs- oder Ziegenfrischkäse darüberstreuen. Mit etwas Leinöl und Kürbiskernöl beträufeln und mit Kürbiskernen bestreuen.

Als Beilage passen 1–2 Schnitten Sauerteig-Vollkornbrot.

MISCH-TYP: 3 TL (statt 1 TL) Olivenöl, 50 g (statt 40 g) Schafskäse.
EIWEISS-TYP: Nur je ½ Süßkartoffel, Rote Bete und Zwiebel. 2 EL (statt 1 TL) Olivenöl und 90 g (statt 40 g) Schafskäse.
→ **TIPP** Statt Schafskäse können auch gekochte rote Linsen gereicht werden.

JUNGBRUNNEN-EFFEKTE

- Glykation/Blutzucker **
- Darmgesundheit *
- Omega-3 *
- Senolytika *
- Sirtuine/Antioxidantien ***

KOHLENHYDRAT-TYP

Vollkornbrot mit richtig guter Erdnussbutter

Dieses ballaststoffreiche Sauerteigbrot passt bestens zur selbstgemachten sirtuinaktivierenden Erdnussbutter.

→ Für 2 Laibe Brot

700 g Roggen-Vollkornmehl
300 g Dinkel-Vollkornmehl
1 TL Kümmel
1 TL Fenchel
1 TL Korianderkörner
1 TL Anis
1 EL Steinsalz, fein gemahlen
½ Packung Biohefe

Tag 1, 2, 3: 100 g Roggenmehl mit 100 ml lauwarmem Wasser verrühren. Mit einem Leinentuch bedeckt 24 Stunden bei Zimmertemperatur stehen lassen. Am zweiten Tag dieselbe Menge Mehl und Wasser dazurühren. Bedeckt 24 Stunden stehen lassen. Am dritten Tag 200 g Roggenmehl mit 200 ml lauwarmem Wasser dazurühren. Bedeckt wieder 24 Stunden stehen lassen.

Tag 4: Das restliche Roggenmehl auf die linke Seite des Teiges geben, das Dinkelmehl auf die rechte. Gemahlene Gewürze und Steinsalz auf das Roggenmehl geben, die Hefe auf das Dinkelmehl (Hefe darf nicht zum Salz). 200 ml lauwarmes Wasser zugeben, dann alles gut durchkneten (Mixer mit Brotquirler).
10-15 Minuten zugedeckt stehen lassen.
2 Brotlaibe formen, 45 Minuten zugedeckt stehen lassen. Den Backofen auf 200–220 °C vorheizen und das Brot 50 Minuten backen.

Varianten
Schmeckt auch herrlich mit 1 Handvoll Walnüssen, Sonnenblumen- oder Kürbiskernen, Chia- oder Leinsamen.

Richtig gute Erdnussbutter (250 ml)
200 g Erdnüsse mit Häutchen in der Pfanne ohne Fett anrösten. Mit 15 ml kalt gepresstem Erdnuss- oder Walnussöl und Steinsalz im Mixer zerkleinern. In ein sauberes Glas füllen – die Masse wird im Kühlschrank fester.
Diese Erdnussbutter ist rasch hergestellt. Sie enthält keine Konservierungsstoffe, kein Billig- oder Palmöl, aber die sirtuinaktivierenden Erdnusshäutchen, die in herkömmlicher Erdnussbutter fehlen. Im Kühlschrank hält sie ca. 6 Wochen.

MISCH-TYP: Zusätzlich Hartkäse.
EIWEISS-TYP: Nur 1 Scheibe Brot, dazu Hartkäse oder ein gekochtes Ei.
→ **TIPP Auf die Mehlqualität achten!** Siehe Buchbonus Seite 75.

JUNGBRUNNEN-EFFEKTE

- Autophagie *
- Sirtuine /Antioxidantien *

KOHLENHYDRAT-TYP

Märchenhafte Minz-Avocado-Schokocreme

Diese süße Geschmacksexplosion mit frischer Minze und leckeren Beeren ist besonders polyphenolreich und kommt ohne Zucker aus.

→ Für 1 Person

Für das Dessert
½ Avocado
1 EL Roh-Kakaopulver
½ Tasse (Mandel-)Milch
½ Banane
1 TL Erdnussbutter (oder Mandelmus)
1 TL Chiasamen
10 Minzblätter, frisch
1 TL Walnüsse

Für die Garnitur
1 EL (Mandel-, Soja-, Kokos-)Joghurt
250 g Erd-/Heidelbeeren
Matcha-, Kurkumapulver

1 Avocado schälen, entkernen und in kleine Stücke schneiden. Gemeinsam mit dem Kakao im Mixer gut verquirlen. Milch, Banane, Erdnussbutter, Chiasamen und den Großteil der frischen Minze zugeben und sämig pürieren. Die Walnüsse fein hacken und unterheben.

2 1–2 Stunden in den Kühlschrank stellen. Abschließend mit 1–2 Minzblättern, einem Klecks Joghurt, den Beeren sowie Matcha- und Kurkumapulver garnieren.

MISCH-TYP: 2 TL Mandeln (statt 1 TL Walnüsse).
EIWEISS-TYP: Kokosmilch (statt Mandelmilch), 2 TL (statt 1 TL) Walnüsse. Zusätzlich 1 TL Kokosmus.

JUNGBRUNNEN-EFFEKTE

- **Darmgesundheit** *
- **Omega-3** *
- **Senolytika** *
- **Sirtuine/Antioxidantien** ***

MISCH-TYP

Vitalisierende Amarant-Bowl mit Brokkoli

Schwarzer Amarant ist glutenfrei, enthält Eiweiß und viele Ballaststoffe. Durch Radieschen wird das zellschützende Sulforaphan im Brokkoli aktiviert.

→ Für 1 Person

Für den Amarant
50 g schwarzer Amarant

Für die Zucchini-Nudeln
60 g Zucchini
Zitronensaft

Für Tomaten-Champignon-Brokkoli
30 g Rispentomaten
2 Champignons
40 g Brokkoli

Für die Käse-Nuss-Mischung
20 g Ziegenkäse oder Camembert
15 g Nüsse (Walnüsse, Cashewkerne, Macadamianüsse), gehackt
1 Handvoll Petersilie

Für das Dressing
½ Zitrone, geschält und püriert
1 TL Mandelmus
½ EL Olivenöl
Salz, Pfeffer
1 Radieschen oder 1 EL Kohl (Kraut), jeweils frisch

1 Am Vortag den schwarzen Amarant unter fließendem Wasser waschen und in Wasser einweichen. Wasser abgießen. Amarant mit der doppelten Menge frischem Wasser laut Verpackung kochen.

2 Zucchini waschen, die Enden abschneiden. Zucchini mit einem Spiralschneider oder Messer zu feinen Spaghetti verarbeiten. In wenig Wasser kurz erhitzen. In eine Schüssel geben und mit etwas Zitronensaft beträufeln.

3 Tomaten in Stücke, geputzte Champignons in Scheiben schneiden. Brokkoli in kleine Röschen teilen. Champignons und Brokkoli für 5–10 Minuten in wenig Wasser dämpfen.

4 Ziegenkäse bzw. Camembert würfeln, Nüsse und Petersilie grob hacken.

5 Den fertigen Amarant mit den anderen Zutaten in einer großen Bowl je nach Belieben anrichten. Für das Dressing die Zitrone mit Mandelmus, Olivenöl, Salz und Pfeffer vermengen. Dressing über die angerichtete Bowl geben. Radieschen oder Kohl darüberhobeln.

KOHLENHYDRAT-TYP: Nur Cashewnüsse, Olivenöl weglassen, Tofu statt Camembert.
EIWEISS-TYP: 20 g Amarant mit ½ EL Butter verfeinern, 40 g Camembert, mit 1 EL Olivenöl marinieren, 30 g Wal- und Macadamianüsse, gekochte Erbsen/gekochten Blumenkohl (statt Brokkoli).

→ **TIPP** Das Gemüse schmeckt im Winter mit Camembert im Backofen gebraten am besten.

JUNGBRUNNEN-EFFEKTE

- **Autopahgie** **
- **Darmgesundheit** *
- **Glykation/Blutzucker** *
- **Omega-3** *
- **Senolytika** *
- **Sirtuine/Antioxidantien** **

MISCH-TYP

Leckere Linsen mit Aubergine und Ei

Ein geschmacksintensiver Sattmacher aus ballaststoffreichen Belugalinsen und köstlich zellschützenden Kräutern und Gemüsen.

→ **Für 1 Person**

Für Linsen und Erbsen
½ Tasse Belugalinsen
½ Tasse grüne Erbsen
1 TL Leinöl, Weißweinessig
Saft von ½ Zitrone

Für das Dressing
½ rote Zwiebel
Saft von ½ Zitrone

Für die Aubergine
½ Aubergine (Melanzani)
etwas Butter
1 EL Olivenöl
3 Kapseln Kardamom, Steinsalz

Für das gebratene Lauchgrün
½ Stange Lauchgrün
1 TL Olivenöl
1 Rosmarinzweig, frisch
1 TL Schwarzkümmel
2 TL Cashew- und Pinienkerne
Zitronenabrieb

Für das pochierte Ei
1 Ei, 4 EL Weißweinessig

Für die Garnitur
1 Radieschen
1 Karotte, ½ Apfel
Liebstöckelblätter
Kapuzinerkresse
etwas schwarzer Sesam

1 Am Vortag Linsen waschen und in Wasser einweichen. Einweichwasser abgießen. Linsen in der dreifachen Menge Wasser ca. 30 Minuten kochen. Grüne Erbsen 3 Minuten in Wasser kochen, kalt abschrecken. Mit Leinöl, Weißweinessig und Zitrone marinieren. Rote Zwiebel in dünne Halbkreise schneiden, 10 Minuten in Zitronensaft legen und dann zu den marinierten Erbsen geben.

2 Aubergine in 1 cm dicke Scheiben schneiden. Auf ein bebuttertes Backblech legen, mit Olivenöl beträufeln und mit zerstoßenem Kardamom sowie etwas Steinsalz bestreuen. Dann bei 180 °C für 15 Minuten in den Backofen geben.

3 Lauchgrün in feine Ringe schneiden und in Olivenöl mit frischem Rosmarin anbraten. Zum Schluss mit Schwarzkümmel sowie Cashew- und Pinienkernen kurz weiterbraten und den restlichen Zitronensaft und Zitronenabrieb zugeben.

4 Ei in heißem Wasser mit Weißweinessig pochieren (siehe auch Seite 148).

5 Aubergine auf einen Teller legen, Linsen, Erbsen und das Lauchgrün darüber. Radieschen, Karotte, Apfel und Liebstöckelblätter schneiden und ebenfalls darübergeben. Mit Kapuzinerkresse oder anderen Blüten garnieren. Ei obenauf legen und mit Sesam bestreuen.

KOHLENHYDRAT-TYP: Insgesamt weniger, dafür mit 5 EL gekochter Hirse anrichten.
EIWEISS-TYP: 1 großes Stück Parmesan darüberhobeln.

JUNGBRUNNEN-EFFEKTE

- **Autopahgie** *
- **Darmgesundheit** *
- **Glykation/Blutzucker** **
- **Omega-3** *
- **Senolytika** *
- **Sirtuine/Antioxidantien** ***

MISCH-TYP

Delikates Pilzgulasch mit Vollkornknödeln

So schmeckt Hausmannskost: herzhafte Vollkornknödel und ein würziges Gulasch aus spermidinreichen Pilzen und polyphenolreichen Kräutern.

→ Für 1 Person

Für die Knödel
125 g Roggensauerteig-Vollkornbrot (alt)
1/16 l Milch (oder Sojadrink)
30 g Zwiebel
1 TL Butter
Je 1 EL Petersilie und Liebstöckel
1 Knoblauchzehe
1 Ei
1 EL Roggenmehl
Salz, Pfeffer

Für das Pilzgulasch
150 g gemischte Pilze (z. B.: braune Champignons, Austernpilze, Kräuterseitlinge, Eierschwammerl)
1/4 Zwiebel
1 Knoblauchzehe
7 kleine Kapern
je 1 Thymian- und Oregano Zweig
1 EL Olivenöl
1/4 EL Kurkuma
1 Prise Kardamom, gemahlen
1 Prise Koriander, gemahlen
1/4 EL Paprikapulver
2 EL saure Sahne (Sauerrahm)
Salz und Pfeffer
4 EL frische Oreganoblätter zum Garnieren

1 Altes Brot in kleine Würfel schneiden, mit Milch übergießen und einweichen lassen. Zwiebel fein hacken und in Butter anschwitzen. Kräuter fein hacken.

2 Das eingeweichte Brot mit den Zwiebeln, gepresstem Knoblauch, Ei, Mehl und Kräutern, Salz und Pfeffer vermengen und zu einem Teig verarbeiten. Eine 1/2 Stunde rasten lassen. Aus der Masse gleich große Knödel formen und in kochendem Salzwasser ca. 15 Minuten kochen, bis sie an der Oberfläche schwimmen.

3 Die Pilze in grobe Stücke schneiden. Zwiebel und Knoblauch schälen und beides in feine kleine Würfel, die Kapern und die Kräuter klein schneiden.

4 In einem breiten Topf Öl erwärmen, Zwiebel kurz anbraten. Die Pilze, Knoblauch, Kräuter, Gewürze und Kapern zufügen und kurz weiterrösten. Mit der Sahne aufgießen und 5 Minuten köcheln lassen.

5 Das Pilzgulasch mit Salz und Pfeffer abschmecken, mit den Knödeln anrichten und mit Oregano garnieren.

KOHLENHYDRAT-TYP: Sauce mit 1 EL saurer Sahne und 2 EL Wasser zubereiten.
EIWEISS-TYP: Nur 1 Knödel, Sauce mit saurer Sahne und zusätzlich Sahne (Obers) mischen.

JUNGBRUNNEN-EFFEKTE

- **Autophagie** **
- **Darmgesundheit** **
- **Glykation/Blutzucker** *
- **Senolytika** **
- **Sirtuine/Antioxidantien** ***

MISCH-TYP

Sommerliche Prinzessinnenrollen

Befüllen Sie diese köstlichen Rollen nach Lust und Laune. Alle Dips und Zutaten können in Ruhe vorbereitet werden.

→ **Für 1 Person (4 Rollen)**

Für den gebratenen Tempeh
50 g Tempeh

Für den Erdnuss-Soja-Dip
30 g Erdnüsse (geröstet, ungesalzen)
20 ml Sojasauce
20 ml Wasser
1 kleines Stück Ingwer, frisch
¼ TL Koriander, gemahlen
¼ TL Ingwer, gemahlen

Für die Gemüse-Sprossen-Kräuter-Fülle
4 Salatblätter
etwas Koriandergrün oder grüne Minze
8 Basilikumblätter
½ Mini-Gurke
1 Karotte
¼ roter Paprika
½ Handvoll Rotkohl (Rotkraut)
¼ Avocado
30 g Reisnudeln

4 Stück rundes Reispapier
1 EL schwarzer Sesam

1 Tempeh in ca. 1 cm breite Stangen schneiden und auf ein Backblech legen. Im Backofen auf 180 °C Umluft für 10–15 Minuten backen.

2 Erdnüsse in der Pfanne ohne Öl kurz anrösten, auskühlen lassen. 1 EL davon beiseitestellen und grob hacken. Übrige Dip-Zutaten mit dem Standmixer oder Pürierstab cremig pürieren, in eine Schüssel füllen, beiseitestellen. Mit den gehackten Erdnüssen bestreuen.

3 Salatblätter, Gurke, Karotte und Paprika waschen und in Stifte schneiden. Rotkohl fein schneiden. Avocado schälen und in Spalten schneiden.

4 Reisnudeln nach Packungsanleitung vorbereiten. Alle Zutaten zum Füllen bereitstellen.

5 Eine große Schüssel mit heißem Wasser füllen. Ein Stück Reispapier kurz durch das Wasser ziehen. Auf einen Teller legen, dann Kräuter, Salat, Reisnudeln, Gemüse und Tempeh in der Querrichtung anhäufen. Inzwischen weicht das Blatt auf und wird klebrig. Erst rechts und links einschlagen, dann von unten nach oben straff einrollen. Rollen schräg auseinandergeschnitten mit der Erdnusssauce und Sesam servieren.

KOHLENHYDRAT-TYP: Nur 30 g Tempeh.
EIWEISS-TYP: Statt Gurke eine Stange Sellerie, wenig Reisnudeln nehmen. Statt Tempeh kann Hühnerfleisch abgebraten werden.

JUNGBRUNNEN-EFFEKTE

- **Autopahgie** *
- **Darmgesundheit** *
- **Sirtuine/Antioxidantien** ***

MISCH-TYP

Forelle blau mit erfrischendem Pak Choi

„Jungbrunnen-effektivst" zubereiteter Fisch wird mit zellschützendem Pak Choi und blutzuckerregulierender Rollgerste kombiniert.

→ Für 1 Person

Für die Rollgerste
50 g Rollgerste
1 Schalotte
1 TL Sonnenblumenöl „high oleic" (hoher Ölsäureanteil)
150 ml Gemüsesuppe
je 1 Zweig Oregano und Rosmarin

Für die Forelle blau
1 Bachforelle im Ganzen (wenn möglich Wildwasser), ausgenommen
5 EL Weißweinessig
½ Zwiebel
1 Champignon
1 Karotte
½ Sellerie
½ Tomate
2 Lorbeerblätter
5 Stängel Liebstöckel
5 Stängel Petersilie
7 Pfefferkörner
7 Senfkörner
1 EL Olivenöl
½ Zitrone, geschält und püriert
Steinsalz

Für den Pak Choi
½ Pak Choi (4–5 Blätter)
je 1 TL Olivenöl und Sojasauce

Für die Garnitur
½ Zitrone
frische Kräuter nach Wahl

1 Die Rollgerste am Vortag in Wasser einweichen, am nächsten Tag das Wasser abseihen. Schalotte schälen und fein schneiden und in Öl kurz anschwitzen. Rollgerste zugeben, mit der Suppe aufgießen, zum Kochen bringen und bei kleiner Hitze für 30 Minuten leicht weiterköcheln lassen. Kräuter fein hacken und untermischen.

2 Einen Topf, in dem die Forelle Platz hat, mit Wasser und Weißweinessig füllen. Zwiebel schälen, Champignon vierteln, Karotte und Sellerie klein schneiden und gemeinsam mit Tomate, Kräutern und Gewürzen zugeben. Wasser erhitzen, aber nicht zum Kochen bringen. Forelle ins heiße Wasser einlegen, sodass sie gut bedeckt ist. Je nach Größe ca. 10 Minuten ziehen lassen (nicht kochen), bis die Augen als weiße Kugeln heraustreten.

3 Pak Choi mit Olivenöl und etwas Sojasauce kurz anbraten und auf einen Teller legen. Forelle im Ganzen aus dem Sud heben und darauf anrichten. Leicht salzen. Mit etwas Olivenöl und Zitronenpüree beträufeln. Mit Zitronenspalten und Kräutern garnieren. Rollgerste in kleiner Schüssel anrichten.

KOHLENHYDRAT-TYP: Statt der Forelle ein kleines mageres Stück Fisch, etwa Zander oder Hecht.
EIWEISS-TYP: Den Fisch mit 2 EL Olivenöl beträufeln; weniger von der Rollgersten-Mischung.

JUNGBRUNNEN-EFFEKTE

- Darmgesundheit *
- Glykation / Blutzucker ***
- Omega-3 ***
- Senolytika *
- Sirtuine /Antioxidantien *

MISCH-TYP

Aubergine mit buntem Gemüse und Tempeh

Die Schale der Aubergine enthält viele zellschützende Anthocyane, Tempeh sorgt für eine Extraportion schmackhaftes Eiweiß.

→ **Für 1 Person**

Für die Füllung
50 g Wildreis oder schwarzer Amarant

Für die gebratene Aubergine
½ Aubergine (Melanzani), längs halbiert
1 TL Olivenöl

Für die Gemüse-Tempeh-Mischung
1 Schalotte
¼ Zucchini
¼ roter Paprika
¼ gelber Paprika
½ Karotte
1 Rosmarinzweig
1 EL Olivenöl
Salz, Pfeffer
40 g Tempeh

Für die Garnitur
1 EL Kräuter nach Wahl
1 EL Sesam

1 Am Vortag Wildreis oder Amarant waschen und in Wasser einweichen, am nächsten Tag Wasser abgießen. Reis oder Amarant mit der doppelten Menge Wasser 20–40 Minuten weich kochen. Backofen auf 180 °C Ober-/Unterhitze vorheizen. Aubergine mit einem Löffel etwas aushöhlen. Mit der Schnittseite nach oben auf ein mit Backpapier belegtes Backblech legen, Schnittfläche mit Olivenöl bestreichen. Im vorgeheizten Backofen 25 Minuten backen.

2 Schalotte schälen und klein schneiden. Das restliche Gemüse in lange Stifte schneiden. Alles in einer Pfanne im Olivenöl anbraten, mit Salz und Pfeffer würzen. Zum Schluss den in Würfel geschnittenen Tempeh 5 Minuten mitbraten.

3 Aubergine mit Amarant bzw. Wildreis füllen und Gemüse-Tempeh-Mischung darübergeben. Mit reichlich gezupften Kräutern und Sesam bestreuen.

Mit 1 Scheibe Roggen-Vollkornbrot servieren.

KOHLENHYDRAT-TYP: Mit 2 Scheiben Roggen-Vollkornbrot servieren.
EIWEISS-TYP: Wenig Wildreis oder Amarant, 80 g Tempeh (statt 40 g) verwenden. Ohne Brot.

JUNGBRUNNEN-EFFEKTE

- **Autopahgie** *
- **Glykation/Blutzucker** *
- **Sirtuine/Antioxidantien** ***

MISCH-TYP

Würziges Wiesen-Huhn mit Liebstöckel-Kohlrabi

Das saftige Wiesenhuhn mit Süßkartoffeln, Kohlrabi und zellschützendem Liebstöckel ergibt ein köstliches Jungbrunnengericht.

→ Für 1 Person

Für die Süßkartoffel
½ Süßkartoffel

Für das Wiesen-Huhn
2 ausgelöste Hühnerschenkel oder 100 g Hühnerbrust
½ TL Kurkumapulver
etwas Pfeffer, Salz
½ EL Butter

Für den Liebstöckel-Kohlrabi
1 kleiner Kohlrabi
1 EL Olivenöl
Salz, Pfeffer
2 EL Liebstöckelblätter
1 TL Maismehl bei Bedarf

1 Süßkartoffel waschen und vierteln. 30 Minuten in den vorgeheizten Backofen (150 °C) geben.

2 Huhn in etwas Wasser, Kurkuma, Pfeffer, Salz und Butter für 20 Minuten weich dünsten.

3 Kohlrabi schälen und reiben. Mit wenig Wasser in einen Topf geben, Olivenöl zufügen und für 10 Minuten weich dünsten. Salzen und pfeffern, Liebstöckel für 1 Minute mitdünsten. Alternativ mit 1 TL Maismehl binden. Liebstöckel-Kohlrabi mit Huhn und Süßkartoffel auf einem Teller anrichten.

KOHLENHYDRAT-TYP: Nur 1 Hühnerbrust, 1 kleine Süßkartoffel.
Vegane Alternative: 2 Handvoll gebackene Kichererbsen (gekochte Kichererbsen für weitere 15 Minuten bei 150 °C in den Backofen), Cashew-Joghurt.
EIWEISS-TYP: Kohlrabi mit 4 EL Sahne binden. 2 ausgelöste Hühnerschenkel (statt Hühnerbrust) in 1 EL Butterschmalz anbraten.

JUNGBRUNNEN-EFFEKTE

- **Autopahgie** *
- **Darmgesundheit** *
- **Glykation/Blutzucker** **
- **Senolytika** **
- **Sirtuine/Antioxidantien** ***

MISCH-TYP

Paradiesische Pancakes mit Beeren

Flaumige mehlfreie Pancakes aus Banane, Kokos und Nüssen bilden mit frischen Früchten einen krönenden Abschluss der Jungbrunnen-Küche.

→ Für 1 Person

Für die Pancakes
1 Banane, mittelreif
2 Eier
20 g Kokosflocken
10 g Nüsse (Mandeln oder Walnüsse), gerieben
½ EL Kakaopulver
1 Messerspitze Gewürznelkenpulver
½ TL Kurkumapulver

1 EL Kokosöl zum Braten

Für die Frucht-Garnitur
250 g Früchte nach Wahl: Beeren, Aprikosen (Marillen), Mango, Kiwi, Melone, Apfel, Birne, Granatapfel etc. Orangenschale, gerieben

optional: Milch (Pflanzendrink)

1 Banane schälen und auf einem Teller mit der Gabel zerdrücken, Eier aufschlagen und mit den anderen Zutaten vermischen.
Den fertigen Teig in einer mit Kokosöl bestrichenen Pfanne ausbacken – Teigkleckse mithilfe eines Spritzbeutels oder einfach mit dem Teelöffel in die Pfanne geben. Auf beiden Seiten goldbraun anbraten – die kleinen Kleckse benötigen bei mittlerer Hitze pro Seite nur ca. 30 Sekunden.

2 Mini-Pancakes in eine Müslischüssel geben und mit dem gewählten Topping versehen, etwa Erdbeeren, Heidel- oder Himbeeren, Kokosflocken oder auch Nussstückchen.

3 Mit oder ohne Milch (Pflanzendrink) übergossen genießen.

KOHLENHYDRAT-TYP: ½ (statt 1) EL Kokosöl zum Braten.
EIWEISS-TYP: 1 EL Mandelmus zusätzlich. Ideal sind Beerenfrüchte, Apfel und Birne.

JUNGBRUNNEN-EFFEKTE

- **Darmgesundheit** *
- **Glykation/Blutzucker** *
- **Omega-3** *
- **Senolytika** *
- **Sirtuine/Antioxidantien** ***

Die schnelle Jungbrunnen-Küche

Wenn der Hunger zu groß ist, muss es rasch gehen – hier hilft die schnelle Jungbrunnen-Küche: Mahlzeiten, die mit wenigen Handgriffen fertig sind – oder mit kurzer Vorbereitung im Backofen selbstständig garen. Die Rezepte sind – sofern nicht anders vermerkt – für eine Person und eignen sich für den Misch-Typ. Der Eiweiß-Typ nimmt mehr Eiweiß und Fett, der Kohlenhydrat-Typ weniger Fett und Eiweiß sowie mehr Kohlenhydrate.

Vollkornbrot mit pochiertem Ei

Wasser 10 cm hoch in einen Topf füllen und zum Sieden bringen. 4 EL Weißweinessig dazugeben. Ein aufgeschlagenes Ei ins Wasser gleiten und 4 Minuten ziehen lassen – das Eigelb soll weich bleiben. Dann das Ei herausheben und auf eine Scheibe Vollkornbrot geben. Mit Pfeffer, Steinsalz und Kräutern abrunden. Nach Wunsch: mit Gemüse der Saison garnieren, z. B. Rotkohl, Radieschen, Ruccola, Rettich.

Avocado mit Schafskäse

Avocado halbieren, entkernen und schälen. In Scheiben schneiden, auf ein Butterbrot legen und mit etwas Schafskäse oder Mozzarella und halbierten Tomaten belegen. Mit frischem Pfeffer bestreuen.

Alternativ kann die Avocado kurz in etwas Butter oder Olivenöl angebraten, mit Frühlingszwiebeln, Oliven und Kapern bestreut und mit Olivenöl und Zitrone mariniert werden.

Ofengemüse mit Joghurt

Gemüse (z. B. Karotten, Rote Beten, Auberginen, Zwiebeln, Blumenkohl und Brokkoli) in 1 cm dicke Scheiben bzw. Stücke schneiden, auf ein Backblech legen und mit Olivenöl und Gewürzen nach Geschmack bestreuen. Bei 180 °C für ca. 20 Minuten in den Backofen geben, bis alles schön weich ist. Mit Joghurt, Schafskäse oder Tofu sowie Kräutern und Nüssen servieren.

→ Pilze in Olivenöl anbraten und mit Jungbrunnen-Kräutern, Salz und Pfeffer würzen.

Saucenvarianten ohne Kochen:

→ Olivenöl, Oliven, Chili und Jungbrunnen-Kräuter
→ Olivenöl, geschnittene Petersilie, gepresster Knoblauch, gehackte Kapern, pürierte Zitrone sowie frischer Pfeffer und etwas Steinsalz

Zu allen Saucenvarianten passt auch Parmesan.

Gemüsesuppe

Verschiedenes frisches Gemüse der Saison grob schneiden und in Wasser kochen, bis es weich ist. Pürieren und mit Kräutern würzen. Kann auch in kleinen Portionen gut aufbewahrt werden.

Birne mit Nüssen und Käse

Birne halbieren, entkernen und mit Wal- oder Cashewnüssen sowie einigen Käsewürfeln (Parmesan oder Feta) füllen. Für zehn Minuten bei 120 °C in den Backofen geben.

Schnelle Pasta mit Sauce

Vollkornpasta zubereiten. Für Eiweiß-Typen sind Nudeln aus Hülsenfrüchten wie z. B. Linsen und Kichererbsen besser geeignet.

Gekochte Saucen:

→ Gemüse würfelig schneiden und mit Jungbrunnen-Kräutern für ca. 10 Minuten kochen.
→ 2 Handvoll Cocktailtomaten kurz in Olivenöl anbraten und mit frischem Pfeffer/Chili und Jungbrunnen-Kräutern würzen.
→ Tomaten-Passata oder -Polpa (ohne Zusätze) erhitzen und mit frischen Kräutern mischen.

Leinöl-Kartoffeln

200 g Kartoffeln kochen, schälen und zerstampfen. ½ fein gehackte Zwiebel in ½ EL Butter erhitzen, 30 ml Sahne und die Kartoffeln dazugeben. Vom Herd nehmen, Salz, Pfeffer, Kümmel, Majoran, Liebstöckel und 10 ml Leinöl daruntermischen. Schmeckt herrlich mit frischem Salat.

Bunt gefüllte Paprika

Paprika waschen, aushöhlen und mit bunten Köstlichkeiten füllen, z. B. mit Ziegenkäse, gekochten Kichererbsen, Bohnen, schwarzen Oliven, Liebstöckel, Kapern. Für 25 Minuten bei 130 °C in den Backofen geben.

Auberginenscheiben mit Parmesan

Auberginen fächerartig in 1 cm dicke Scheiben schneiden. Backblech mit etwas Butter bestreichen, Auberginen darauflegen und auffächern. Jungbrunnen-Kräutermischung (siehe Seite 74) und etwas Olivenöl darübergeben. Mit Feta-Käse und halbierten Tomaten belegen, mit geschnittenem Basilikum und gehackten Nüssen bestreuen. Bei 120 °C für ca. 25 Minuten in den Backofen geben, bis das Gemüse schön weich ist.

Sardellen-Kapern mit Sauerteig-Vollkornbrot

Gerollte Sardellenfilets mit Kapern ohne Konservierungsstoffe aus dem Glas auf ein bis zwei Scheiben Vollkornbrot legen und genießen.

Süße Jungbrunnen-Möglichkeiten

Diese schnellen Desserts sind frei von zugesetztem Zucker und reich an Polyphenolen.

- **Obst mit Nüssen**
  Apfel, Birne oder Beeren mit 1 Handvoll Nüsse genießen.
- **Veganes Schokodessert (4 Portionen)**
  400 g Seidentofu mit 1 pürierten Banane, 30 g Kokosmilch, 3 EL Rohkakao und etwas Kurkuma verrühren. In Gläser füllen und mit Heidelbeeren und Kirschen dekorieren.
- **Jungbrunnen-Eis**
  Topfen und Joghurt im Verhältnis 1:2 verrühren. Mit Früchten, Rohkakao und Kräutern nach Geschmack (Pfefferminze, Melisse etc.) mischen und für 1 Stunde ins Gefrierfach stellen. Alle 15 Minuten mit einer Gabel umrühren, damit das Eis eine cremige Konsistenz erhält.
- **Joghurt mit Nüssen und Beeren**
  Joghurt mit Walnüssen, Chiasamen, Leinsamen, Cashewkernen sowie Heidelbeeren und/oder anderen Beeren anrichten. Wer mag, kann etwas Rohkakao darüberstreuen.

> **→ ONLINE-BUCHBONUS 13**
>
> *Mehr schnelle Jungbrunnen-Rezepte*
> *Holen Sie sich weitere Inspirationen für die schnelle Jungbrunnen-Küche (siehe Seite 158).*

ERFAHRUNGSBOX

Nathalie Karré

Schnelles Jungbrunnen-Kochen im - beruflichen - Alltag

Der Jungbrunnen-Lebensstil begleitet mich seit vielen Jahren. Sport, Fasten und Meditation sind für mich täglich gelebte Routinen. Mein Lebensumfeld habe ich so gestaltet, dass ich trotz meiner intensiven beruflichen Tätigkeit die Prinzipien der Jungbrunnen-Küche ganz automatisch in meinen Alltag integrieren kann.

In Wohnung und Büro gibt es eine Jungbrunnen-Grundausstattung, bestehend aus verschiedenen Getreiden, Hülsenfrüchten, Nüssen, Ölen, Oliven, Kapern und Rohkakao. Sie reicht für mehrere Monate und versorgt mich bereits mit vielen guten Jungbrunnen-Nährstoffen, die jederzeit mit frischem Obst und Gemüse sowie Joghurt, Käse, Ei oder Tempeh kombiniert werden können. Ist ein Lebensmittel aufgebraucht, kommt es auf die Liste für den Wocheneinkauf – so bleibt die Grundausstattung immer komplett.

Samstags, direkt nach dem Morgenlauf, erledige ich den großen wöchentlichen Obst- und Gemüseeinkauf beim lokalen Biobauern. Damit ist nicht nur die Sporteinheit, sondern auch der Wocheneinkauf erledigt und der Kühlschrank gefüllt mit saisonalen Köstlichkeiten. Frische Jungbrunnen-Kräuter auf Fensterbank und Balkon schenken mir reichlich gesunde Inhaltsstoffe und besondere Geschmacksvariationen.

Auch bei der Zubereitung habe ich Jungbrunnen-Routinen etabliert: Gekocht wird ohne Salz, mit vielen Kräutern. Gemüse ist Bestandteil jeder Mahlzeit – Karotten und Stangensellerie passen z. B. ausgezeichnet ins Früchtemüsli. Besonders liebe ich Essen aus dem Backofen – es schmeckt immer gut und ist auch einfach zubereitet. Während Gemüse oder Fisch im Ofen garen, habe ich sogar Zeit für eine Jungbrunnen-Auszeit wie z. B. eine Yogaeinheit.

Beim Kochen zweige ich kleine Portionen zum Einfrieren ab: Saucen oder Gemüsesugos in Eiswürfelform sind bei Bedarf schnell zur Hand und können rasch zubereitet werden. Am Wochenende bereite ich Grundnahrungsmittel wie z. B. Quinoa oder Linsen vor und bewahre diese in To-go-Gläsern auf, die ich nur zur Hälfte fülle. In den Tagen darauf kann ich die Gläser mit Gemüse oder Obst auffüllen – eine ideale Mahlzeit fürs Büro oder eine Geschäftsreise. So bin ich mit gesunden Routinen und wenig Aufwand trotz meines zeitintensiven Berufs die ganze Woche mit wohlschmeckenden Jungbrunnen-Köstlichkeiten versorgt.

ACHTSAMKEIT IN DER JUNG-BRUNNEN-KÜCHE

Mit Liebe kochen – mit Liebe essen

Achtsamkeit ist untrennbar mit der Jungbrunnen-Küche und dem Jungbrunnen-Lebensstil verbunden: Wer sein Essen achtsam auswählt, zubereitet und genießt, nimmt wesentlich Einfluss auf dessen Wirkung.

Bewusstes Essen: Entschleunigung und bessere Verdauung

Langsames, bewusstes Essen hat viele positive Nebeneffekte. Es entschleunigt und hat einen meditativen Charakter. Achtsames Kauen kann auch beim Abnehmen helfen: Wir merken früher, dass wir satt sind. Lang gekaute Nahrung wird vom Körper besser verwertet, weil das Kauen und Einspeicheln Enzyme freisetzt, die das Essen für die Verdauung vorbereiten. Daher sollten wir Ablenkungen vermeiden und uns ausschließlich auf das Essen konzentrieren. Fernsehen oder die Beschäftigung mit Smartphones und anderen technischen Geräten während einer Mahlzeit führen dazu, dass wir mehr Nahrung zu uns nehmen, schneller essen und tendenziell zu ungesünderen Lebensmitteln greifen.

Essen als Akt der Gemeinschaft

Das gemeinsame Mahl gilt als Urform des Beisammenseins: Es verbindet, stärkt die sozialen Beziehungen und tut auch dem Einzelnen gut. Studien belegen, dass Kinder aus Familien, die ein gemeinsames Mahl pflegen, seltener körperliche und seelische Probleme haben. Sie neigen weniger zu Übergewicht, dem Konsum von Alkohol und anderen Drogen, bringen bessere Leistungen und sind weniger oft Opfer von Mobbing. Dabei spielt es keine Rolle, wie viele Familienmitglieder sich zum Essen versammeln, wo oder wann gegessen wird. Es muss auch nicht zwingend die engere Familie sein. Hauptsache, es wird gemeinsam gegessen. So nährt das Essen die Kinder nicht nur physisch, sondern stärkt sie auch psychisch – umso mehr, wenn das Essen vorher „mit Liebe gekocht wurde".

Mit Liebe gekauft

Schon der Einkauf ist entscheidend: Bio-Lebensmittel sind unumstößliche Grundlage der Jungbrunnen-Ernährung (siehe Buchbonus „Bio - gut für die Umwelt, gut für den Körper" Seite 78). Saisonale Bio-Produkte garantieren den höchstmöglichen Gehalt an gesundheitsförderlichen Inhaltsstoffen und regionale Lebensmittel tragen zur positiven Klimabilanz bei. Mehrweg-Glasflaschen und plastikfreie Produkte schützen nicht nur die Umwelt, sondern auch die eigene Gesundheit vor Chemikalien, die aus dem Verpackungsmaterial ins Essen übergehen können. Der bewusste Zugang zum Essen schließt aber auch mentale Wirkungen mit ein.

Mit Liebe gekocht – wirkt tatsächlich

„Liebe geht durch den Magen", heißt es im Volksmund. Um bei der Zubereitung den Jungbrunnen-Effekt zu aktivieren (siehe „Jungbrunnen-Zubereitung" ab Seite 86), braucht es nicht nur die technisch richtige Kochmethode, sondern auch das gewisse Etwas. Denn ein mit Liebe zubereitetes Essen schmeckt einfach besser. Es gibt sogar wissenschaftliche Hinweise dafür, dass die Wirkung der Liebe im Essen über den subjektiven Geschmack weit hinausgeht.

INFOBOX

Wie kommt die Liebe ins Essen?

Gibt es einen Unterschied zwischen einem liebevoll zubereiteten Essen und physisch identer Nahrung aus der Fabrik? Wissenschaftliche Experimente legen das nahe. 2006 führten Bewusstseinsforscher am Institute of Noetic Sciences in Kalifornien ein Experiment durch: Gewöhnliche Bitterschokolade wurde von Meditationsmeistern „mit Liebe" und der Information besprochen, der Essende werde nach dem Genuss Glück, Kraft und Gesundheit verspüren. Eine Gruppe Probanden erhielt diese Schokolade, die Kontrollgruppe die gleiche ohne geistige Zusatzinformation. Wer welche Schokolade bekam, wussten weder die Versuchsleiter noch die 60 Teilnehmer, die täglich Fragebögen zu ihrem Zustand ausfüllten. Die statistische Auswertung am Ende zeigte: „Informierte" Schokolade hatte über den Versuchszeitraum hinweg deutlich glücklicher, zufriedener und energiegeladener gemacht.

2013 wurde in Taiwan mit 189 Erwachsenen ein ähnliches Experiment durchgeführt. Mit positiven Intentionen „informierter" Tee sorgte bei den Teilnehmern – im Vergleich zur Kontrollgruppe – für einen deutlich positiveren Effekt.

Obwohl beide Experimente statistisch signifikante Effekte nachwiesen, ist es nicht erklärbar, wie sich positive Intentionen durch Nahrung übertragen. Aber selbst wenn wir nicht wissen, wie die Liebe in unsere Nahrung kommt, so sieht man: Dankbarkeit und positive Intentionen zahlen sich auch beim Kochen und Essen aus.

Innehalten und Dankbarkeit: Rituale rund ums Essen

F ür uns, die wir im Überfluss leben und keine Hungersnöte kennen, ist es nicht mehr selbstverständlich, für Essen dankbar zu sein. Wer fastet, empfindet wieder mehr Dankbarkeit. Zahlreiche wissenschaftliche Arbeiten zeigen, welche positiven Effekte dieses Gefühl in uns erzeugt: Je dankbarer Menschen sind, umso glücklicher und zufriedener gehen sie durchs Leben. Und dass das auch einen gesundheitsförderlichen Effekt hat, ist auf Gehirn-Scans im Rahmen wissenschaftlicher Studien abzulesen.

Kurz vor dem Essen innezuhalten und das Essen mit positiven Intentionen wie einem Segen zu versehen, begleitet die Menschen seit Urzeiten – und findet sich in allen Traditionen: Das Tischgebet ist über sämtliche Religionen und Kulturen seit Jahrtausenden zentraler Bestandteil der Essenskultur. Lob, Bitte und Dank werden in einem Augenblick des Innehaltens vereint – in einem stillen Segen, einem Moment der Achtsamkeit oder einem gemurmelten „Hara hatchi bu" wie in der „Blue Zone" Okinawa. Es geht um die Besinnung und das Bewusstsein, dass diese Mahlzeit nicht selbstverständlich ist. Positive Intentionen, die wir unserer Nahrung entgegenbringen, gehen mit dem Essen in uns über. So können sich die vitalisierenden, heilenden und glücklich machenden Effekte der Jungbrunnen-Küche noch weiter verstärken.

Wir wünschen Ihnen eine gesegnete Mahlzeit, guten Appetit und ein gesundes, vitales und glückliches Leben.

Nathalie Karré, Margit Fensl, P. A. Straubinger

Umfangreiches Online-Bonusmaterial

Den Zugang zum Buchbonusbereich mit weiterführenden Informationen, praktischen Listen, Tipps, Rabattcodes und allen Quellenangaben zu diesem Buch finden Sie unter **jungbrunneneffekt.com (Passwort: jungbrunnen3).**

BUCHBONUS 1	„Blue-Zones"-Nahrung
BUCHBONUS 2	Omega-3-Bluttest
BUCHBONUS 3	Frühstücken oder nicht?
BUCHBONUS 4	Jungbrunnen-Kräutermischung
BUCHBONUS 5	Einkaufstipps für Mehl und Brot
BUCHBONUS 6	Fleisch: Ja oder nein?
BUCHBONUS 7	Bio – gut für die Umwelt, gut für den Körper
BUCHBONUS 8	E-Nummern-Liste
BUCHBONUS 9	Noch mehr wohltuende Teekräuter
BUCHBONUS 10	Die Vielfalt des grünen Tees
BUCHBONUS 11	P. A. Straubingers Teemlschungen
BUCHBONUS 12	Selbst fermentieren – Praxistipps
BUCHBONUS 13	Mehr schnelle Jungbrunnen-Rezepte
BUCHBONUS 14	Zugang zur Jungbrunnen-Online-Community
BUCHBONUS 15	Umfangreiches Quellenverzeichnis mit wissenschaftlichen Studien und weiterführender Literatur

LINKS ZU DEN AUTOREN

margitfensl.at • nathaliekarre.at • pastraubinger.com • jungbrunneneffekt.com
accelor.at • pastraubinger.shop • shiriing.com • transformationjourney.at